과거현재인과경

불교경전 ⑨

과거현재인과경
(過去現在因果經)

부처님 전기(傳記) • 慧諒 譯

민족사

과거현재인과경

차 례

선혜선인의 수기 ·· 12
도솔천에 태어남 ·· 27
하생하여 모태에 들다 ·· 34
탄 생 ··· 39
상서로움이 나타남 ··· 43
선인의 예언 ·· 49
마하부인의 생천 ·· 57
학문을 익힘 ·· 58
무예를 겨룸 ·· 61
태자의 관정식 ··· 66
사 유(思惟) ·· 67
결 혼 ··· 69
사문유관―무상을 느낌 ······································ 71

출　가 ·· 87
고　행 ·· 102
궁성의 슬픔 ··· 106
태자의 결심 ··· 117
범비사라왕, 태자를 만나다 ················· 122
두 선인을 만나다 ································ 126
6년의 고행 ·· 131
고행을 그만두다 ·································· 135
보리수 아래에서 ·································· 137
마군을 항복받다 ·································· 140
깨달음을 이루다 ·································· 150
범천이 설법해 주기를 청하다 ············ 160
녹야원을 향하여 ·································· 163
공양을 받으시다 ·································· 165
다섯 비구의 교화 ································ 170
야사의 귀의 ··· 178
가섭 삼형제의 귀의 ···························· 185
범비사라왕의 귀의 ······························· 215
사리불과 목건련 ·································· 228
마하가섭의 교화 ·································· 235
　역 주 ·· 241
　해 설 ·· 255

과거현재인과경

과거현재인과경
제1권

이와 같이 나는 들었다.

어느 때 부처님께서 사위국 기수급고독원[1]에 계셨다. 부처님께서는 여러 비구들과 함께 죽림(竹林)에 머무셨는데, 여러 비구들은 아침이면 가사를 입고 바루[2]를 들고 성에 들어가서 걸식을 했다. 그리고 처소로 돌아와 공양하고 나면 손을 씻고 양치질을 하고 각자 바루를 거둔 뒤 강당에 모여 모두가 부처님 과거의 인연을 듣고 싶어하였다.

부처님께서는 세간에서 뛰어난 정천이(淨天耳)[3]로 여러 비구들이 이야기하는 바를 들으시고는 자리에서 일어나 강당에 이르시어 대중 가운데 앉으시고 나서 비구들에게 물으셨다.

"너희들은 함께 모여서 무슨 법을 말하려고 하는가."

"세존이시여, 저희들은 공양하고 손을 씻고 양치질을 한 다음 함께 이곳에 모여 각각 과거의 인연에 대해 말씀하심을 듣고 싶어하였습니다."

"너희들이 과거 인연을 듣고 싶다면 자세히 듣고 잘 생각하도록 해라. 너희들을 위해 지금 말하겠다."

"그렇게 하겠습니다. 세존이시여, 참으로 기쁘게 듣겠습니다."

선혜선인의 수기(受記)

부처님께서 비구들에게 말씀하셨다.

"과거 헤아릴 수 없는 아승지겁(阿僧祇劫)[4]에 선혜(善慧)라는 한 선인이 있었는데 범행(梵行)[5]을 깨끗이 닦고 일체종지(一切種智)[6]를 구하고자 했다. 이 큰 지혜를 성취하기 위하여 즐거이 생사(生死)에 있으면서도 다섯 갈래〔五道〕[7]에 두루하여 한 번 몸이 죽고 무너지면 다시 또 몸을 받는 등 나고 죽음이 한량없었으니, 마치 천하의 초목을 다 베어서 산가지를 만들어 그의 옛날 몸을 헤아린다 해도 다할 수 없는 것과 같았다.

하늘과 땅이 시작하여 마지막까지 다한 것을 일겁(一劫)이라 하는데, 그런 천지가 이루어졌다가 무너짐을 겪는 것이야말로 측량할 수 없었다. 그 까닭은 중생들이 애욕에 빠지고 미혹되어 괴로움의 바다에 잠기어 헤매고 있음을 불쌍히 여겼기 때문이며, 자비심을 일으켜 구제하려 하였기 때문이다.

그는 생각하였다.

'지금 모든 중생들이 나고 죽는 데 빠져 스스로 나오지 못하는 것은, 모두가 탐욕과 성냄과 어리석음의 탓이며, 형상(色), 소리(聲), 냄새(香), 맛(味), 촉감(觸), 법(法=모든 사물)을 좋아하고 이에 집착하기 때문이다. 결정코 그들의 이런 병을 끊어야겠다.'

그는 비록 여러 곳에 태어날지라도 이런 생각을 잊지 않았다.

원수거나 친하거나 가리지 않고 모든 중생을 평등하게 여기며, 보시로 가난한 이를 거두고 계율을 지님으로써 헐뜯음을 거두며, 인욕으로 성냄을 거두고, 정진으로 게으름을 거두며, 선정으로 어지러운 뜻을 거두고, 지혜로 어리석음을 거두었다. 중생들을 더욱 이롭게 하고, 널리 일체를 위하여 귀의하였으며, 모든 여래를 공경하고 공양하며 법을 듣기를 즐겼다. 또한 남을 위해 말하였으며, 언제나 네 가지 일로써 모든 승가를 받들고, 부처님과 가르침, 승가를 존중하고 수호하였으니, 이렇게 한 모든 행을 이루 헤아릴 수 없었다.

등조(燈照)라는 왕이 있었다. 제파바지(提播婆底)라는 성을 갖고 있었는데, 그 나라 사람들은 수명이 팔만 살이고, 성품은 편안하고 고요하며, 생활은 풍족하고 안락하였으며, 하고자 함이 자재로운 것이 마치 모든 천인과 같았다.

　국왕은 바른 법으로 세상을 다스려 백성을 그르치지 않았고 살륙과 회초리로 때리는 고통을 없앴으며, 모든 백성 돌보기를 마치 외아들 대하듯 하였다.

　등조왕이 처음 태자를 낳았는데 단정하기가 견줄 데 없고 거룩한 덕이 완전히 갖추어져 서른두 가지 몸매〔32相〕와 여든 가지 잘생긴 모습〔80種好〕을 갖추고 있었으며, 처음 탄생하는 날에는 사방이 다 밝아 해와 달과 구슬과 불이 쓸 데가 없었다. 왕은 태자에게 이러한 상서로움이 있음을 보고 곧 여러 신하들을 불러 의논하였다.

　"태자가 처음 태어나자 이런 기특함이 있는데, 태자에게 어떤 이름을 지어 주면 좋겠는가?"

　"태자의 이름은 마땅히 보광(普光)[8]이라고 해야 하실 것입니다."

　또 관상을 보는 자를 불러서 태자를 보이자, 그는 말하기를, "지금 태자를 자세히 살펴보니, 만약 궁에 계시면 전륜성왕이 되시어 사천하를 거느리겠으나, 궁을 떠나시면 천인이 받들게 되는 살바야(薩婆若)[9]가 되실 것입니다"고 하였다.

　왕과 부인을 비롯하여 후궁과 시녀들은 점성가의 이러한 말을 듣고 태자를 사랑하는 마음이 더욱 깊어졌다. 또 하늘, 용, 야차, 건달바, 아수라, 가루라, 긴나라,

마후라의 팔부중(八部衆)[10]과 사람이면서 사람이 아닌 자(人非人)들이 태자를 공양하고 공경하며 존중하고 찬탄하였다.

 태자는 궁전에서 자라면서 부인과 시녀들에게 갖가지 법을 말하였으며, 나이 이만구천 살이 되자 전륜왕이라는 자리를 버리고 부모에게 여쭈어 출가하기를 원했다. 그러나 세 번이나 청해도 허락하지 않자, 태자는 오직 자비 구제에 그 뜻이 있었으므로 조그마한 것은 참고 큰 것을 따르려고 즉시 궁성을 떠나 숲속의 나무 아래로 나아가 수염과 머리카락을 깎고 법복을 입은 후 부지런히 고행을 닦아 만육천 년이 지나서야 최상의 깨달음을 이룩하였다. 그 뒤 여러 천신과 사람, 팔부중을 위하여 법륜(法輪)을 굴렸다. 이 법륜의 미묘함이야말로 일체 세간의 하늘과 사람, 악마와 범천으로서는 굴리지 못하는 것이었으니, 삼승(三乘)[11]의 법으로 중생을 교화하여 이익되게 한 것을 이루 헤아릴 수가 없었다.

 부왕과 그 부인, 후궁과 시녀들은 태자 보광께서 최상의 깨달음을 이루었다는 것을 듣고 한량없이 기뻐하였다. 또 여러 신하와 백성, 바라문들은 태자가 도를 이루었다는 소식을 듣자, "태자 보광께서 전륜성왕의 지위를 버리더니 수염과 머리카락을 깎고 법복을 입고 집을 떠나 도를 닦아 바른 깨달음을 이루셨다 한다. 우리들도 이제 출가를 해야겠구나"라며 모두 보광불(普光

佛)에게로 나아갔다.

　보광 여래는 곧 그들의 마음을 자세히 살피고 그들의 인연에 따라 법을 말씀하시니, 대신과 바라문 등 사천 명이 아라한이 되었고, 나라 안의 백성과 그 밖의 사방에서 모인 대중들 팔만 명이 역시 무착법인(無着法忍)[12]을 얻었다.

　보광 여래는 이 팔만사천 명의 아라한과 함께 각 나라를 두루 다니시면서 교화하셨는데, 부왕은 이를 듣고 크게 기뻐하면서 즉시 나라 안에 칙령을 내려 도로를 평평히 닦고 향수를 뿌리며 여러 가지 비단 보배의 당기, 번기, 일산[13]을 걸고 이름 있는 꽃을 흩날리게 하였으니, 이와 같이 장엄하기를 12요자나[14]에 이르도록 했다. 왕은 또 북을 치며 나라 안에 명령하였다.

　"사사로이 꽃을 사고 팔 수 없으며, 꽃은 모두 왕에게 보내야 한다."

　"누구라도 왕보다 먼저 부처님께 공양할 수 없도다."

　그리고 왕은 곧 대신을 보내 풍악을 울리는 한편 향을 사르고 꽃비를 뿌리며 나아가 보광 여래를 청하게 하였다.

　그 때 선혜선인은 산중에 있으면서 다섯 가지 기이한 꿈을 꾸었다. 첫째는 큰 바다에 누워 있음이요, 둘째는 수미산을 베고 있음이요, 셋째는 바다 가운데의 일체중생이 그의 몸 안으로 들어옴이요, 넷째는 손으로 해를 붙잡고 있음이요, 다섯째는 손으로 달을 붙잡고 있는 것이었다.

선혜선인은 이 꿈을 꾸고 크게 놀라 깨어났다. '지금 이 꿈이야말로 결코 작은 일이 아닌 듯 싶다. 누구에게 물어야 할까? 성 안에 들어가 지혜로운 이들에게 물어보아야겠다.'

선혜는 이렇게 생각하고 곧 사슴가죽으로 된 옷을 입고 물병과 지팡이, 우산을 가지고 성읍으로 들어갔다. 도중에 외도(外道)가 살고 있는 곳을 지나게 되었는데, 거기에는 오백 명의 외도와 그 우두머리가 함께 있었다. 선혜는 생각하였다. '내 꿈에 대해서도 묻고, 아울러 그들이 수행하는 것도 자세히 살펴야겠다.'

선혜는 그들과 같이 도의 이치를 강론하여 그들의 다른 견해를 깨뜨려 주었다. 오백 명은 곧 굴복하고 그의 제자가 되기를 바라며 선혜에게 깊은 공경의 뜻으로 저마다 은전 한 닢씩을 올렸다. 그 오백 명의 외도들은 선혜의 뛰어난 말솜씨와 총명함을 보고 기뻐하며 말하였다.

"지금 보광 여래께서 세상에 나오셨습니다."

선혜선인은 이 말을 듣고 온몸이 쭈뼛하면서 소스라치게 놀라는 한편 크게 기뻐하며 외도들과 작별하려 했다. 그러자 외도들이 물었다.

"스승께서는 어디로 가십니까?"

"나는 이제 보광불에게 가서 공양을 올려야겠소."
"스승께서 만약 가신다면 따라가게 해 주십시오."
"일이 있어서 먼저 가야 하겠소."
　선혜선인이 이렇게 말하며 은전 오백 닢을 가지고 길을 떠나자 여러 외도들은 슬퍼하며 그를 사모하는 정을 간직한 채 돌아왔다.
　선혜선인은 한참을 가다가 왕가의 사람들이 도로를 평평하게 닦고 향수를 뿌리며 당기, 번기, 일산을 벌려 세우면서 갖가지로 장엄하는 것을 보고 물었다.
"무슨 일이 있어서 이렇게들 하십니까?"
"부처님이 세상에 나오셨는데 명호가 보광불이십니다. 이제 등조왕께서 보광 부처님을 청하셨으므로 부처님께서 성에 들어오시는 길을 장엄하는 것입니다."
　선혜선인은 다시 물었다.
"아름다운 꽃들이 어디에 있는지 아십니까?"
"수행자여, 등조 대왕께서 북을 치고 나라 안에 영을 내려, '아름다운 꽃은 모두 팔지 말고 다 왕에게 보내라'고 하셨습니다."
　선혜는 이 말을 듣고 크게 괴로웠지만 뜻을 굽히지 않고 애를 쓰며 꽃이 있는 곳을 찾다가 왕가의 한 시녀를 만났다. 그녀는 왕의 금령이 무서워 일곱 송이의 푸른 연꽃을 병 속에 몰래 감춰 가지고 지나가던 중이었는데 선혜의 지극한 정성에 감동하여 그 연꽃이 병 밖으로 솟아나왔던 것이다.

선혜는 멀리서 그 시녀를 보고 쫓아가 불렀다.

"아가씨, 잠깐 멈추십시오. 그 꽃을 팔지 않으시겠습니까?"

시녀는 크게 놀랐다. '꽃을 아주 은밀히 감추었는데, 이 사람은 누구이기에 어떻게 이 꽃을 보고 사려고 할까?' 하고 생각하고 병을 보니 과연 꽃이 나와 있으므로 이상하게 여기며 대답하였다.

"장부여. 이 푸른 연꽃은 궁전에 가져가야 하며, 부처님께 올리려 하는 것이므로 그렇게 할 수가 없습니다."

이에 선혜는 간절히 말하였다.

"은전 오백 닢을 드릴 테니 부디 다섯 송이라도 삽시다."

시녀는 더욱 의아하게 생각하였다. '이 꽃의 값어치는 몇 전에 불과한데, 이 장부는 은전 오백 닢으로 다섯 송이를 사겠다고 하는구나.'

"이 꽃을 가져다 어디에 쓰려고 하십니까?"

"지금 여래께서 세상에 나오셨는데, 등조 대왕이 청하여 성에 들어오신다 하니 이 꽃을 구하여 공양하려 합니다. 아가씨는 아셔야 합니다. 모든 부처님, 여래를 만나기란 마치 우담바라 꽃[15]이 한 번씩 피는 것만큼 어렵다는 것을."

"여래에게 공양을 올려 무엇을 구하려 하십니까?"

"일체종지(一切種智)를 성취하여 한량없이 고통받는 중생들을 해탈시키고자 합니다."

시녀는 이 말을 듣고 '지금 이 장부는 얼굴 모습이 단정하고 비록 겨우 사슴가죽 옷으로 몸을 가렸지만 지성스러우며 더구나 재물을 아끼지 않는구나' 하고 생각하고 곧 말하였다.

"제가 지금 이 꽃을 드릴 테니, 부디 날 적마다 언제나 제가 당신의 아내가 되게 하소서."

"나는 맑은 범행(梵行)을 닦고 무위도(無爲道)[16]를 구하므로 서로의 인연은 허락할 수 없습니다."

"만약 저의 이 소원을 들어주지 않으시겠다면 꽃을 드릴 수 없습니다."

"그대가 만약 결정코 나에게 꽃을 주지 않겠다면 그대의 소원을 따르겠습니다. 그러나 나는 보시를 좋아하여 남의 뜻을 거스르지 못하므로, 만약에 어떤 이가 나에게 머리와 눈과 골수와 뇌, 그리고 아내와 아들을 구한다면 그 때 당신은 이를 막거나 보시하려는 마음을 무너뜨리지 말아야 합니다."

"거룩하고 거룩하십니다. 그렇게 하겠습니다. 지금 저는 연약한 여인이므로 그 곳에 나타나지 못합니다. 이 두 송이 꽃까지 드릴 테니, 부처님께 바치시면서 제가 날 적마다 이 소원을 잃지 않게 하시며, 잘났거나 못났거나 헤어지지 않음을 반드시 마음 속에 간직하여 부처님께서 알게 하십시오."

 그 때 등조왕은 여러 아들들과 모든 친속들, 그리고 바라문들과 함께 좋은 향과 꽃, 갖가지 공양물을 가지고 나아가 보광 여래를 받들어 영접하였으며, 온 나라 백성들도 모두 따랐다.

 한편 선혜의 오백 제자들은 "오늘 국왕과 여러 신하, 그리고 백성들이 모두 다 보광불에게 나아가고 큰 스승께서도 지금쯤은 이미 가셨을 테니 우리들도 그곳에 가서 예배 공경해야겠다"고 하며 모두 함께 길을 떠났다. 도중에 선혜를 만났으므로 스승과 제자들은 서로 한없이 기뻐하며 같이 보광불께 나아갔다.

 등조왕은 이미 부처님 앞에 이르러 맨 처음으로 공양 예배를 하였으며 여러 대신들도 차례로 저마다 예배 공경하면서 아울러 아름다운 꽃을 뿌렸다. 그러나 그 꽃들은 모두 땅에 떨어졌다.

 선혜는 오백의 제자들과 함께 여러 사람들이 갖가지로 공양해 바치는 것을 보았다. 그는 여래의 상호를 자세히 살피면서, 고통받는 중생들을 구제하고 일체종지를 구족하기 위하여 꽃 다섯 송이를 뿌렸다. 꽃들은 모두 공중에 머무르면서 꽃받침으로 변하였으며, 다시 두 송이를 마저 던지자 이들 또한 역시 공중에 머무르면서 부처님의 양 곁을 둘러쌌다.

 그러자 국왕과 권속, 모든 대신과 백성, 그리고 팔부

중과 그 권속들은 이 기이한 광경을 보고 일찍이 없었던 일이라고 찬탄하였다.
 이에 보광 여래는 걸림이 없는 지혜로써 선혜를 칭찬하셨다.
 "훌륭하고 훌륭하도다. 선남자야, 그대는 이 선업의 결과로 한량없는 아승지겁을 지나면 부처가 되리니, 명호는 석가모니[17]·여래·응공·정변지·명행족·선서·세간해·무상사·조어장부·천인사·불세존이라 할 것이다."
 이렇게 선혜에게 수기(授記)[18]하실 때 팔부중과 한량없는 그 권속들은 여러 아름다운 꽃을 흩뿌려 공중을 가득 채우고 또한 서원을 세웠다.
 "선혜께서 장차 부처님의 도를 이루실 때에 저희들도 모두 그의 권속이 되게 하소서."
 그러자 보광 여래는 곧 "너희들은 모두 장차 그 나라에 태어나리라"고 수기하셨다.
 여래는 수기를 하신 뒤에 선혜가 아직도 선인의 상투를 하고 사슴가죽 옷을 입고 있음을 보시고, 이러한 복장을 버리게 하려고 곧 땅을 진흙탕으로 변하게 하셨다. 그러자 선혜는 부처님께서 지나가실 땅이 진흙탕임을 보고 마음으로 생각하기를 '어떻게 천 개의 바퀴살을 가진 발로 여기를 밟고 지나시게 하겠는가' 하고, 곧 가죽 옷을 벗어 펼쳐 땅을 덮었다. 그러나 진흙을 다 덮는 데에는 부족하였으므로 다시 머리를 풀어 남은 진흙을 덮었다. 그러자 보광 여래는 곧 밟으시고 건너시면서 그대로 수기를 하셨다.

"그대는 후에 부처가 되어 오탁(五濁)[19] 악세(惡世)에서 모든 하늘과 사람을 제도시키는 데에 어렵게 여기지 않음이 반드시 나와 같으리라."

선혜는 이 수기를 듣고 매우 기뻐하며 어쩔 줄 몰라 하다가 즉시 온갖 법이 공(空)함을 깨닫고 무생인(無生忍)[20]을 얻고는 몸이 허공에 올라 칠 다라수만큼 멀리 떨어져서 게송으로 부처님을 찬탄하였다.

    이제야 세간의 인도하는 이를 뵈었더니
    저에게 지혜 눈이 열리게 하셨고
    저를 위해 깨끗한 법 말씀하시니
    일체의 집착을 떠났나이다.

    이제야 천상 인간의 어른을 만났더니
    저에게 무생(無生)을 얻게 하셨나이다.
    원컨대 장래에 과위(果位) 얻어서
    역시 양족존(兩足尊)[21]과 같게 하소서.

선혜는 이 게송을 마치자 허공으로부터 내려와 보광 여래 앞에 이르러 온몸을 엎드려 예배하고 여래께 아뢰었다.

"오직 원하옵니다. 세존이시여, 저를 가엾게 여기시어 저의 출가를 허락하시옵소서."

보광 여래께서 말씀하셨다.

"훌륭하다. 잘 왔구나, 비구야."

그러자 선혜는 수염과 머리카락이 저절로 떨어지고 가사가 몸에 입혀지며 바로 사문이 되었다.

그 때 가난한 두 노인이 저마다 친속 일백 명과 함께 왔다가 부처님의 상호와 거룩한 덕이 엄숙하고 빛남을 보고 자신이 가난하여 공양할 수 없음을 슬퍼하였다. 그러자 여래는 그 마음을 가엾게 여겨 곧 발 앞의 땅을 잡초가 무성하고 더러운 땅으로 변하게 하셨다. 그 가난한 두 사람은 땅이 깨끗하지 못함을 보고 환희심을 내어 곧 물을 뿌리고 쓸어 깨끗하게 했다. 보광 여래께서는 이렇게 수기하셨다.

"그대들은 한량없는 아승지겁을 지나 석가모니 부처님이 세상에 나오시면, 그 때 첫째가는 성문 제자가 되리라."

그런 뒤에 보광 여래는 팔만사천의 비구들과 등조왕, 바라문과 신하들에게 둘러싸여 성으로 들어오셨다.

등조왕은 그의 권속들과 함께 보광 여래와 팔만사천 비구들에게 공양을 올린 후 왕위를 그의 아들에게 물려주고 부인과 권속들 팔만사천 명과 함께 부처님의 법에 출가 수도하여 다라니(陀羅尼)[22]와 모든 법의 삼매(三昧)[23]를 얻었다.

  선혜 비구도 보광 여래를 따라 왕의 공양을 받은 뒤 모든 법 중에서 깊은 삼매를 얻고 헤아릴 수 없이 많은 중생들을 교화하였다.

  그 때 선혜 비구는 보광 여래에게 여쭈었다.

  "세존이시여, 저는 옛날에 깊은 산중에 살면서 다섯 가지 기이한 꿈을 꾸었습니다. 첫번째 꿈은 큰 바다에 누워 있는 것이며, 둘째는 수미산을 베고 있는 것이며, 셋째는 바다 가운데의 온갖 중생들이 저의 몸 안으로 들어오는 것이며, 넷째는 손으로 해를 붙잡은 것이며, 다섯째는 손으로 달을 붙잡은 것이었습니다. 오직 원하오니 세존이시여. 저에게 이 꿈의 형상을 풀어 주소서."

  그러자 보광여래가 대답하셨다.

  "훌륭하구나. 그대가 만약 이 꿈의 이치를 알고자 하면 말하겠노라."

  "꿈에 큰 바다에 누워 있는 것은 그대의 몸이 즉시 생사의 큰 바다 가운데에 있다 함이요, 꿈에 수미산을 베고 있는 것은 생사에서 나와 열반을 얻는다는 형상이요, 꿈에 큰 바다 가운데의 온갖 중생들이 몸 안으로 들어온 것은 장차 생사의 큰 바다에서 모든 중생들을 위하여 귀의할 곳이 됨이요, 꿈에 손으로 해를 붙잡은 것은 지혜의 광명이 널리 법계를 비춤이요, 꿈에 손으로 달을 붙잡은 것은 방편과 지혜로써 생사에 들어서 맑고 시원한 법으로써 중생을 교화하여 뜨거운 번뇌를 여의게 하는 것이다. 이 꿈의 인연이야말로 바로 그대가 장래에 부처를 이루는 형상이니라."

이 말을 듣자 선혜는 매우 기뻐 어쩔 줄 몰라 하면서 부처님께 예배하고 물러갔다.

보광 여래는 얼마 후 열반에 드셨는데, 선혜 비구는 그 뒤로 이만 년 동안 정법을 보호하고 지니면서 삼승의 법으로 중생을 교화하였으니, 이익을 받은 이가 헤아릴 수 없었다.

선혜 비구는 목숨을 마치자, 곧 하늘로 올라가서 사천왕이 되어 삼승의 법으로 여러 하늘들을 교화하였으며, 그 하늘의 수명이 다하자 다시 인간으로 태어나서 전륜성왕이 되어 사천하의 왕으로서 칠보를 완전히 갖추었다. 그 칠보란, 첫째 금륜보(金輪寶)요, 둘째 백상보(白象寶)요, 셋째 감마보(紺馬寶)요, 넷째 신주보(神珠寶)요, 다섯째 옥녀보(玉女寶)요, 여섯째 주장신보(主藏臣寶)요, 일곱째 주병신보(主兵臣寶)가 그것이다. 또한 천 명의 아들을 두었는데, 모두 용맹하고 씩씩하여 능히 적을 항복시키고 정법으로 다스렸으며 모든 근심걱정을 없앴고 언제나 열 가지 선(十善)[24]으로 백성을 교화하였다.

여기에서 목숨이 다하자 도리천에 나서 그곳 하늘의

주인이 되었으며, 그 목숨이 다하자 내려와 전륜성왕이 되었으며, 다시 그 목숨이 끝나자 제7범천에 태어났다.

올라가서는 그곳 하늘의 왕이 되고 내려와서는 성주(聖主)가 되기를 각각 서른여섯 번을 하였는데, 그 사이에 신선이 되기도 하고 외도 육사가 되기도 하며 바라문이 되는가 하면 작은 왕이 되기도 하였으니, 이렇게 변화하여 나타난 것이 헤아릴 수조차 없었다.

도솔천에 태어남

그동안 선혜 보살은 공행(功行)이 가득 쌓여 지위는 십지(十地)[25]에 올랐고 일생보처(一生補處)[26]에 있으면서 일체종지에 가까이 이르렀는데, 도솔천에 나서 이름이 성선백(聖善白)이었다.

여러 하늘 왕들을 위하여 일생보처의 행을 말하였고, 또한 시방 국토에 갖가지 몸을 나타내면서 모든 중생들을 위하여 그들에게 알맞는 법을 말하다가 부처가 되어야 하는 시기가 다가왔으므로, 곧 다섯 가지의 일을 자세히 살폈다.

첫째는 모든 중생들이 성숙하였는지 아직 성숙하지 못하였는지를 자세히 살피는 것이요, 둘째는 때가 이르렀는지 아직 이르지 않았는지를 자세히 살피는 것이요,

셋째는 모든 국토에서 어느 나라가 중앙에 있는지를 자세히 살피는 것이요, 넷째는 모든 종족 가운데 어느 종족이 귀하고 왕성한지를 자세히 살피는 것이며, 다섯째는 과거의 인연에 누가 가장 참되고 바르며 부모가 되기에 알맞는지를 자세히 살피는 것이었다.

  선혜 보살은 다섯 가지의 일을 자세히 살핀 후 곧 생각하였다.

  '이제 모든 중생들은 내가 처음에 마음을 낸 이래로 성숙한 이들이라 깨끗하고 미묘한 법을 받아 낼 수 있겠으며, 삼천대천세계에서는 이 염부제(閻浮提=사바세계)의 카필라 나라가 가장 중앙에 있구나. 여러 종족 중에서는 석가가 제일이요, 감자(甘蔗)의 자손이 전륜성왕의 후손이며, 백정왕(白淨王)의 과거 인연을 살피건대 부부가 바르고 참되어서 부모가 될 만하겠다. 또 마야부인의 수명이 길고 짧음을 살피니 태자를 가져 열 달을 다 채우고 태자가 탄생한 지 칠 일 만에 그 어머니의 목숨이 끝나겠구나.'

  이렇게 자세히 살핀 뒤에, '내가 만약 이제 내려가서 태어나면, 여기에 있는 여러 천인들을 널리 이롭게 할 수는 없겠구나' 하고 생각하였다. 이에 천궁의 여러 천자들로 하여금 보살이 때가 되어 마땅히 내려가 부처가 되는 것을 깨달아 알도록 하기 위하여 다섯 가지 형상을 나타내었으니, 첫째는 보살의 눈이 깜짝거림이요, 둘째는 머리 위의 꽃이 시드는 것이요, 셋째는 옷에 먼지와 때가 끼는 것이요, 넷째는 겨드랑이 밑에 땀이 나는 것이며, 다섯째는 본래의 자리를 좋아하지 않는 것이었다.

여러 하늘들은 갑자기 보살에게 이런 이상이 있음을 보고 마음으로 크게 놀라고 두려워하였으며, 몸의 모든 털구멍에서는 마치 비 오듯 피가 흘렀으므로 서로 말하였다. "보살이 오래지 않아 우리들을 버리겠구나."

보살은 또 다섯 가지의 상서로움을 나타내었다. 첫째는 대광명으로 삼천대천세계를 널리 비추었고 둘째는 대지를 열여덟 가지 모양으로 움직였으므로 수미산과 바닷물과 모든 하늘 궁중들이 몹시 흔들렸으며 셋째는 악마의 궁전과 집들이 가리워져서 나타나지 않았고 넷째는 해와 달, 별들의 광명이 없어졌으며 다섯째는 하늘이며 용과 팔부들의 몸이 모두 진동하여 어찌하지를 못한 것 등이었다.

도솔천의 여러 천신들은 이미 보살의 몸에 다섯 가지 형상이 나타남을 본 터에 또다시 다섯 가지 상서로운 일들을 보게 되자 모두 다 보살의 처소에 이르러 엎드려 발에 예배하고 여쭈었다.

"존자여, 우리들은 오늘 이 여러 형상들을 보고 온몸이 몹시 떨려 편안하지를 못합니다. 오직 원컨대 우리들에게 이 인연을 말씀해 주소서."

보살은 곧 여러 천신들에게 대답하였다.
"선남자들이여, 마땅히 알아야 합니다. 모든 행은 다 무상한 것이며 나도 이제 오래지 않아 이 천궁을 버리고 염부제에 태어날 것입니다."
천신들은 이 말을 듣고 슬피 울며 크게 근심하고 괴로워하였다. 온몸에 피가 난 것이 마치 바라사화와 같았으며, 뒹굴며 땅에서 기절하는가 하면 무상의 고통을 깊이 한탄하기도 하였다.
그 때에 한 천신이 게송으로 말하였다.

보살이야말로 여기에 계시면서
저희들의 법안(法眼)[27]을 열어 주시었는데
이제는 저희들을 멀리하시니
소경이 길잡이를 여읜 것과 같습니다.

또 마치 물을 건너려 할 제
갑자기 교량과 배를 잃음과 같으며
또한 젖먹이 어린아이가
사랑하는 어머니를 잃은 것과 같습니다.

저희들도 역시 그와 같아서
귀의할 바 처소를 잃게 되었으니
바야흐로 생사의 흐름에 떠다니며

마침내 뛰어나올 인연이 없으리다.
저희들은 오랜 세월 동안
어리석음의 화살을 맞게 될 텐데
이제 대의왕(大醫王=부처님)을 잃어버리면
누가 저희들을 구하오리까.

무명의 평상에 머물러 누워서
길이 애욕의 바다에 빠질 텐데
영원히 존자의 가르침이 끊어지면
뛰어나올 기약을 만나지 못하리다.

보살은 천신들이 슬피 울면서 괴로워함을 보고, 또 그리움을 말하는 게송을 듣고는, 곧 인자하게 말하였다.
"선남자들이여. 무릇 사람이란 생을 받고 죽지 않는 이가 없으며, 은혜와 사랑이 합하고 모였다가는 반드시 이별이 있습니다. 위로 아가니타천(阿迦尼吒天)[28]에 이르고 아래로 아비지옥에 이르기까지 그 가운데의 온갖 중생들은 무상이라는 큰 불에 데지 않는 이가 없으니, 그러므로 그대들은 나에게 그리움을 내지 말아야 합니다. 이제 나는 그대들과 똑같이 생사의 훨훨 타는 불을 여의지 못했을 뿐더러 온갖 가난과 부귀, 천함까지도 모두 변화시키거나 벗어나지를 못하였습니다."
그리고 보살은 곧 게송으로 말하였다.

모든 것〔諸行〕[29]은 무상한 것
이것이 생멸법이라네.
생멸이 멸하고 나면
그 적멸은 즐거우리라.

보살은 다시 천신들에게 말하였다.
"이 게송은 바로 과거 모든 부처님께서 말씀하신 바로, 모든 변하는 것은 그 성품과 모양이 다 이와 같습니다. 그대들은 이제 근심하거나 괴로워하지 마십시오. 나는 한량없는 겁 동안 생사를 헤매다가 이제 오직 이 한 번의 생만이 있으므로 오래지 않아 모든 변하는 것을 떠날 수 있게 되었습니다.

그대들은 아셔야 합니다. 지금이야말로 바로 중생들을 제도해야 할 때이므로, 나는 내려가서 염부제의 카필라국, 감자의 후손이며 석가 종족인 백정왕의 집에 태어나야 하겠습니다. 나는 거기에 태어났다가 부모를 멀리 떠나고 처자와 전륜의 왕위를 버리고서 출가하여 도를 배우고 부지런히 고행을 닦아 악마를 항복시키고 일체종지를 이룩하여 법륜을 굴리리니, 이는 일체 세간의 천신과 사람, 악마와 범천으로서는 능히 굴리지 못할 것입니다.

또한 과거 부처님이 행하신 법식에 의지하여 널리 온갖 천신과 사람들을 이롭게 하고, 큰 법을 세워 악마를 거꾸러뜨리며, 번뇌의 바다를 말리고 여덟 가지 바른 길〔八正道〕[30]을 깨끗이 하며, 모든 법의 도장〔諸法印〕[31]을 중생들의 마음에 찍을 것이요, 대법회를 베풀어 여러 천인들을 청하리니, 그대들은 그 때 모두 그 모임에서 법의 음식을 받을 것입니다. 이런 인연이 있으니 근심하거나 괴로워하지 말아야 합니다."

이윽고 보살은 게송으로 말하였다.

나는 이제부터 오래지 않아
염부제에 내려가
카필라국의
궁전에 태어나야 하리라.

아버지와 어머니, 친족을 작별하고
전륜왕의 자리를 버리고
집을 떠나 도를 행하고 배워서
일체종지를 이룩하리라.

바른 법을 세워
번뇌의 바다를 능히 말리고
나쁜 길의 문을 닫고 막아서
여덟 가지 바른 길을 깨끗이 열리라.

널리 모든 천인을 이롭게 하매
그 수는 헤아릴 수 없을 것이니
이런 인연 때문에
근심하거나 괴로워하지 말아야 하리.

이 때 보살은 온몸의 털구멍에서 온통 빛을 내뿜는데, 여러 천신들은 보살의 말을 듣고 난 뒤에 다시 몸에서 큰 빛을 내뿜는 것을 보고 몹시 기뻐하며 모든 근심과 고통을 여의고 생각하였다. '보살은 오래지 않아 바른 깨달음을 이루시겠구나.'

하생하여 모태에 들다

보살은 내려가 태 안에 들 때가 다가왔음을 자세히 살피고는 곧 여섯 개의 어금니를 가진 흰 코끼리를 타고 도솔천궁을 출발하였다. 한량없는 천신들은 여러 풍악을 울리고 갖가지 이름 있는 향을 피우며 하늘의 아름다운 꽃을 흩으면서 보살을 따랐고, 공중에 가득히 큰 광명을 내어 시방을 널리 비추었는데, 사월 팔일 샛별이 떠오를 때에 보살은 어머니의 태 안으로 들어갔다.

마야 부인은 잠에서 깨어날 즈음에 보살이 여섯 개의

어금니를 가진 흰 코끼리를 타고 허공을 날아와서 오른쪽 겨드랑이로 들어옴을 보았는데, 그림자가 밖으로 나타남이 마치 유리에 있는 것과 같고 부인의 몸이 편안하여 상쾌함이 마치 단 이슬을 먹은 것과 같았다. 자신을 돌아보매 해와 달이 비치는 것과 같았으므로 마음으로 크게 기뻐하다가 이 형상을 보고 난 뒤에 얼른 잠에서 깨어나 희유한 마음을 내면서 즉시 백정왕의 처소에 나아가서 왕에게 말씀드렸다.

"제가 아까 잠에서 깨어날 즈음의 그 상태는 마치 꿈과 같은데, 여러 상서로운 형상을 보고 매우 기이하게 여겼습니다."

그러자 왕이 대답하였다.

"나도 아까 큰 광명이 있음을 보았고 또 당신의 얼굴 모습이 이상해짐을 깨달았습니다. 당신이 보았던 상서로운 모양을 말씀해 보시오."

부인은 곧 자세히 위의 일들을 게송으로 말하였다.

흰 코끼리를 타고 있음을 보았는데
교교(皎皎)하고 맑기가 해와 달과 같았으며
제석과 범왕의 여러 천신들이
모두 다 보배 당기를 잡았나이다.

향을 피우고 하늘 꽃이 흩날리며

아울러 가지가지 풍악을 울리면서
허공 가운데 가득히
에워싸여 내려오더이다.

와서 나의 오른편 겨드랑이에 들었는데
마치 유리에 있는 것과 같았나이다.
지금 대왕께 나타냈으니
이것은 어떤 상서로운 모습입니까?

왕은 마야 부인으로부터 여러 가지 상서로운 형상을 듣고 나자 몹시 기뻐 어쩔 줄 몰랐다. 왕은 바라문을 청하여 아름다운 향과 꽃이며 갖가지 음식으로 공양한 뒤에 부인의 오른쪽 겨드랑이를 보이고 아울러 상서로운 형상을 말하면서 바라문에게 물었다.

"원컨대 이것에 대해 점을 쳐 주십시오. 어떤 기이함이 있습니까?"

"대왕이시여. 부인께서 가지신 태자야말로 여러 가지 좋고 미묘한 모습을 갖추었습니다. 대략 말씀드리겠습니다. 대왕은 아셔야 합니다. 지금 부인의 태 안에 있는 아들은 반드시 석가 종족을 빛나게 할 것입니다. 또 큰 광명으로 두루하며 여러 하늘과 제석(帝釋),[32] 범왕이 모시면서 에워쌌으니 이 형상은 반드시 바른 깨달음〔正覺〕의 조짐입니다. 만약 출가하지 않으면 전륜성왕이 되어 사천하의 왕이 되며 칠보가 저절로 이르고 천의 아들을 완전히 갖추겠습니다."

왕은 바라문의 말을 듣고 경사로운 일로 여기면서 한없이 기뻐하다가 곧 금은 보배와 코끼리, 말과 수레 및 마을까지 이 바라문에게 주었다. 그러자 마야 부인도 그의 시녀들과 아울러 값진 보배로써 또한 바라문을 받들어 베풀었고, 보살을 잉태하게 된 뒤로 마야 부인은 날마다 육바라밀[33)]을 닦았으며, 하늘에서 올리는 음식이 저절로 이르렀으므로 다시는 인간이 내는 맛을 좋아하지 않게 되었다.

삼천대천세계는 언제나 크게 밝았으며, 해와 달의 거룩한 빛이 비칠 수 없는 그 중간 세계의 그윽하고 어두운 곳 또한 역시 환하였으므로 그 곳의 중생들은 서로 마주보며 말하기를 "이 가운데서 어떻게 여지껏 살았을까?"라고 하였다.

보살이 태 안으로 내려올 때에 삼천대천세계는 열여덟 가지로 진동하였고, 맑고 시원한 향기 바람이 사방에서 일어나면서 병든 이들이 모두 다 나았으며, 탐내고 성내고 어리석은 이들도 모두 그 마음을 가라앉혔다.

그 때 도솔천궁의 어떤 천신들은 생각하기를, '보살이 백정왕의 궁전에서 태어날 테니 나 또한 그의 권속이 되어서 공양을 하며 법을 들어야겠다' 하고 곧 내려

가서 사위성 안의 명월(明月) 종족인 선타라를 비롯한 많은 왕가에 태어났다.

어떤 천신은 사위국(舍衛國) 왕가에 태어났고, 어떤 천신은 투라퀄차국 왕가에, 또 어떤 천신은 독자국 왕가에 태어났으며, 그 밖에도 발라국 왕가에, 덕차시라국 왕가에, 구라바국 왕가에 태어났다. 천신들 중의 어떤 이는 바라문의 집이나 장자, 거사, 바이샤(毘舍), 수다라(首陀羅) 등의 집에 태어나기도 하였으며, 더욱 오백 명의 천신들이 석가 집안에 태어났다. 이렇게 태어난 천신들의 수가 무려 99억이나 되었다.

또 타화자재천(他化自在天)[34]에서부터 사천왕(四天王)[35]의 처소에 이르기까지 내려와 태어난 이도 헤아릴 수 없었고, 형상세계〔色界〕[36]의 천왕도 그 권속들과 함께 역시 다 내려와 선인으로 태어났다.

보살은 태 안에 있으면서 어머니가 가고 서고 앉고 눕는 데에 방해되는 바가 없었으며 또 어머니에게 여러 괴로움과 근심이 없도록 하였다. 보살은 어머니의 태 안에서 새벽에는 형상세계의 여러 하늘들을 위하여 가지가지 법을 말하였고, 한낮에는 욕심세계〔欲界〕[37]의 여러 하늘들을 위하여 역시 모든 법을 말하였으며, 저녁에는 또다시 여러 귀신들을 위하여 법을 말하였고, 밤의 세 때에도 역시 이렇게 한량없는 중생들을 성숙시키고 이익되게 하였다.

보살이 태 안에 있자 부인과 시녀들이 와서 예배하고 공양하였으며 때로 이런 서원을 세웠다.

"장차 전륜성왕이 되소서."

그러나 보살은 이를 듣고 기뻐하거나 좋아하지 않았다.

그런데 어떤 이는 이런 서원을 세웠다.

"장차 일체종지를 이루소서."

보살은 이 말을 듣고는 크게 기뻐하였다.

보살이 태 안에 있은 지 열 달이 되었을 때, 몸의 모든 뼈 마디와 상호가 완전히 갖추어졌다. 또 보살은 그 어머니의 여러 감관을 고요하고 안정되게 하였으므로 마야 부인은 동산이며 숲에 있기를 즐겼고 시끄러운 곳을 좋아하지 않았다.

탄 생

그 무렵 왕은 "부인이 잉태하고 날과 달이 찼는데도 해산하려는 기미가 보이지 않는구나" 하며 걱정하는데, 마침 부인이 사람을 보내어 왕에게 여쭈었다.

"지금 동산 숲에 나가 유람하고 싶나이다."

왕은 이를 듣고 크게 기뻐하며 곧 밖에 칙명을 내려 룸비니 동산을 물을 뿌려 깨끗이 쓸게 하고 여러 가지 아름다운 꽃과 열매를 심게 하며, 흐르는 샘과 못을 다 깨끗하게 하고, 난간과 섬돌을 모두 칠보로 장엄하였다. 또 비취며 원앙, 난새, 봉황, 갈매기 등의 기이한 종류의 뭇 새들이 그 가운데에 모여 노래하게 하며, 비단, 번기, 일산을 달고 꽃을 뿌리며 향을 피우고 여러 풍악을 울리게 하였으므로 룸비니 동산은 마치 제석의 환희원(歡喜園)과 같았다.

또 부인이 지나갈 길도 엄숙하고 깨끗이 하여 갖가지로 장엄하게 하였으며, 십만 대의 칠보 수레와 연(輦)을 차리되 수레와 연마다 낱낱이 좋은 장식을 새겨 자못 뛰어나게 하였다. 또 다시 밖에 칙명을 내리기를, 네 가지 군사인 상병(象兵), 마병(馬兵), 거병(車兵), 보병(步兵)을 엄숙히 갖추게 하였으며, 후궁의 시녀로 얼굴 모습이 단정하고 늙지도 않고 젊지도 아니하여 기운과 성품이 어울린 총명하고 슬기로운 이들을 선택하였는데, 그 수가 무릇 팔만사천이었으며 이들로 하여금 다 마야 부인을 모시게 하였다.

또다시 팔만사천 명이나 되는 단정한 동녀들을 뽑아 아름다운 영락(구슬)으로 몸을 장식한 다음 향과 꽃을 가지고 먼저 그 룸비니 동산에 가 머물도록 하였고, 여러 신하와 백관들로 하여금 부인을 시중들게 하였다.

이에 부인은 수레에 올라 여러 관속과 시녀들에게 인도되고 둘러싸여 룸비니 동산으로 갔다. 그 때 또 천신과 용 등 팔부신중들이 모두 부인을 따랐으니 허공이 가득 찼다.

부인은 동산에 들어가자 모든 감관이 고요해졌는데 열 달이 다 찼을 때다. 2월 8일[38] 해가 처음 돋을 때 부인은 그 동산 안에 있던 무우수(無憂樹) 꽃의 빛깔이 향기롭고 산뜻하며 가지와 잎이 아주 무성한 것을 보고 오른손을 들어 잡으려 하였다. 그 순간 보살이 오른쪽 겨드랑이로부터 나왔다.

그 때 나무 아래에 칠보로 된 일곱 송이의 연꽃이 생겨났는데 크기가 마치 수레바퀴와 같았다. 보살은 곧 그 연꽃 위에 떨어지면서 붙들어 모시는 이도 없이 스스로 일곱 걸음을 걸어가서 오른손을 올리면서 사자처럼 외쳤다.

"나는 천상과 인간 중에서 가장 높고 가장 훌륭하도다. 한량없는 생과 사를 이제야 다하였으니, 이 생에서 일체의 사람과 천신을 이익되게 하리라."

이 말이 끝나자, 사천왕은 곧 하늘의 비단으로 태자[39]의 몸을 감싸 보배 위에 놓았다. 그러자 석제환인[40]이 손에 보배 일산을 가지고 왔다. 또 대범천왕도 흰 불자(拂子)를 가지고 좌우에 모시고 섰으며, 난타(難陀) 용왕과 우바난타(優波難陀) 용왕이 공중에서 깨끗한 물을 뿌리는데, 한 줄기는 따스하게, 한 줄기는 시원하게 하여 태자의 몸에 부었다. 태자의 몸은 황금 빛깔에 서른

두 가지 모습이 나타나 있었고, 큰 광명으로 널리 삼천대천세계를 비추었다. 하늘과 용이며 팔부신중 역시 공중에서 하늘의 풍악을 울리며 노래하고 찬양하면서 향기 좋은 향을 피우고 가지가지 아름다운 꽃을 뿌렸고, 또 하늘의 옷과 영락이 비같이 내리어 어지럽게 흩어져 떨어짐이 헤아릴 수 없었다.

마야 부인은 태자가 탄생한 뒤에 몸이 편안하고 상쾌하며 고통과 근심이 없으므로 몹시 기뻐하며 나무 아래 머물렀다. 그러자 앞뒤에서 저절로 갑자기 네 개의 우물이 솟아나는데, 그 물은 향기롭고 깨끗하여 여덟 가지의 공덕[41]을 갖추었다. 마야 부인이 권속들과 함께 그 물에서 목욕을 하자 다시 여러 야차왕들이 태자와 마야 부인을 함께 에워싸고 지켰다.

그 때 염부제의 사람들로부터 아가니타천에 이르기까지 모두 기뻐하면서 찬탄하였다.

"일체종지, 이제 세상에 나오셨으니 한량없는 중생들은 모두 이익을 얻을 것입니다. 오직 원하옵건대 빨리 바른 깨달음의 도를 이루셔서 법륜을 굴리며 널리 중생을 제도하소서."

그러나 마왕만은 혼자 근심과 괴로움을 품었으니 자신의 자리가 편하지 않았기 때문이었다.

상서로움이 나타남

그럴 때에 태자의 탄생에 감응하는 상서로운 현상이 서른네 가지 나타났다. 시방의 세계가 모두 다 밝아졌고, 삼천대천세계가 열여덟 가지로 차례로 움직여 큰 언덕이 평탄해졌으며, 바짝 말랐던 나무에 다시 꽃이 피고 나라와 나라의 경계에는 저절로 아름다운 나무가 생겼다. 동산에는 신비롭고 단 과일이 맺히고, 육지에서는 크기가 수레바퀴만한 보배 연꽃이 피어났다. 땅속에 묻힌 광이 저절로 튀어나오는가 하면, 모든 광에서 값진 보배가 큰 광명을 내뿜었으며, 여러 하늘에서 아름다운 옷이 저절로 내려왔다.

모든 시내의 흐르는 물은 고요하며 맑아지고, 바람이 그치고 구름이 없어지며 하늘이 밝고 깨끗해지더니 또 향기로운 바람이 사방으로부터 불어오면서 촉촉한 가랑비가 날아다니는 먼지를 가라앉혔다. 나라 안의 모든 병든 이들이 다 나았고, 나라 안의 궁전이나 집들이 한결같이 밝게 빛나 등불이며 촛불이 더 이상 필요 없어졌으며, 해와 달이며 별들이 정지하여 움직이지 않았다.

비사거성(毘舍巨星)이 내려와 인간에 나타나 태자의 탄생을 기다렸고, 범천왕들이 흰 보배 일산을 가지고 궁전 위를 줄지어 덮었으며, 사방에서 여러 신선들이 보배를 받들고 와서 바쳤다. 하늘의 온갖 맛난 음식이 저절로 앞에 놓였으며, 헤아릴 수 없는 보배 병에 단 이슬이 가득 담겼으며, 여러 하늘의 아름다운 수레가 보배를 싣고 왔다. 헤아릴 수 없는 흰 코끼리 새끼들이 머리에 연꽃을 이고 궁전 앞에 도열하였으며, 하늘의 감마보(紺馬寶)가 저절로 왔고, 큰 흰 사자 오백 마리가 설산으로부터 나오는데, 그 사나운 성질을 죽인 채 마음에 기쁨을 품고 성문에 나란히 섰다.

또 여러 하늘의 시녀들이 공중에서 미묘한 음악을 내었으며, 여러 하늘의 옥녀들은 궁전 담 위에 나타나는가 하면, 금으로 된 병에 향기로운 즙을 가득히 담아 공중에 도열해 섰다. 여러 하늘이 노래하고 읊으면서 태자의 덕을 찬양하였고, 지옥은 잠잠하여 모진 고통이 행해지지 않았으며, 독벌레가 숨고 나쁜 새가 착한 마음을 지니는가 하면 모든 나쁜 법령들이 한꺼번에 자비롭게 되었다.

나라 안에 아이를 가진 부인들은 저마다 사내아이를 낳았고 백 가지 병이 저절로 나았다. 모든 나무신(樹神)이 사람의 형상으로 변하여 태자 앞에 와서 예배하고 모셨으며, 다른 나라의 왕들이 각기 이름 있는 보배를 가지고 와서 신하로 복종하였으며, 온갖 사람과 천신들은 모두 실없는 말이 없었다.

여러 시녀들은 이러한 상서로움을 보고 대단히 기뻐

하면서 서로 말하였다.

"태자께서 탄생하시니 지금 이렇게 아름답고 상서로운 일이 생겨나고 있습니다. 부디 아무 질병 없이 오래 사시어 우리들에게 큰 근심과 괴로움이 생기지 않도록 해 주소서."

시녀들이 하늘의 모포로 태자를 감싸안고 부인에게 다가가자 사천왕이 공중에 있다가 공경하고 따랐으며, 제석천은 일산으로 덮었고, 스물여덟 명의 대귀왕(大鬼王)이 동산의 네 모퉁이에 있다가 지키며 받들고 호위하였다.

그 때 총명하고 슬기로운 하인 하나가 룸비니 동산에서 궁중으로 돌아가 왕에게 아뢰었다.

"대왕의 거룩하신 덕은 더욱더 퍼져 나갈 것입니다. 마야 부인께서 이미 태자를 탄생하시었는데 용모가 단정하여 서른두 가지 모습과 여든 가지 잘생김이 있으십니다. 연꽃 위에 떨어지면서 스스로 일곱 걸음을 걸으시어 오른손을 올리며 사자처럼 외치기를 '나는 천상과 인간 중에서 가장 높고 가장 훌륭하도다. 한량없는 생사를 이제야 다하였으니 이 생에서 일체의 사람과 천신들을 이익되게 하리라'고 하셨습니다. 이밖에도 여러 기특한 일이 있었지만 자세히 이루 말할 수조차 없습니다."

왕은 하인이 하는 말을 듣고 몹시 기뻐하며 어쩔 줄

모르다가 즉시 몸의 구슬을 벗어 그에게 하사하였다.

  왕이 곧 네 가지 병사를 거느리고 권속들에게 둘러싸여 1억의 석가 종족과 함께 앞뒤에서 인도되고 따르면서 룸비니 동산에 갔더니 그 동산 가운데에 하늘과 용 등 팔부들이 모두 꽉 차 있었다. 부인에게 다가가 태자의 몸을 보았더니 상호가 사뭇 특이하여 몹시 기뻐함이 마치 강과 바다에 큰 물결이 이는 것 같았다.

  또 태자의 목숨이 짧을까 염려하여 품에 안고 두려워하는 모습은 마치 수미산을 보는 듯했다. 크나큰 수미산이 스스로는 쉽게 움직이지 않지만 대지가 흔들릴 때에 비로소 흔들리는 것과 같이, 왕은 평소의 성품이 편안하고 고요하여 언제나 기뻐하거나 근심하는 바를 크게 내색하지 않더니 이제 태자를 보고 나자 한편으로 기뻐하고 한편으로 두려워하였다. 마야 부인 또한 성품이 고르고 온화하였지만 태자가 탄생하고 나서 여러 기이한 상서로움을 보고는 그 성품이 더욱더 부드러워졌다.

  왕은 두 손을 모아 합장하여 여러 천신에게 예배한 뒤 나아가 태자를 안아 칠보의 코끼리 수레 위에 올리고 여러 신하와 후궁, 시녀며 허공의 천신들과 함께 풍악을 울리면서 성으로 들어갔다.

  그 때 왕과 여러 석가의 아들들은 아직 삼보를 몰랐으니, 태자를 안고 천사(天寺)에 나아가자 범천들이 모두 자리에서 일어나 태자의 발에 예배하면서 왕에게 말하였다.

"대왕은 아셔야 합니다. 이제 이 태자야말로 하늘과 인간 가운데서 가장 큰 어른이십니다. 허공의 천신들도 모두 예배하고 공경하는데 대왕이 어찌 그러함을 보지 못하십니까? 어째서 이곳에 오셔서 우리들에게 예배합니까?"

왕과 여러 신하들은 이를 듣고 보고는 전에 없었던 일이라 찬탄하면서 즉시 태자를 데리고 천사에서 나와 궁으로 돌아갔다.

그럴 때에 여러 석가 종족에서는 역시 같은 날에 오백 명의 사내아이가 태어났다. 궁전의 마구 안에서는 코끼리가 흰 새끼를 낳았고, 말은 흰 망아지를 낳았으며, 양과 소는 다섯 가지 빛깔을 지닌 양 새끼와 송아지를 낳았으니, 이러한 종류의 숫자가 각각 오백 가지나 되었다. 또 왕가에서는 하인들도 역시 오백 명의 자식을 낳았다

궁중에서는 묻혀 있던 오백 개의 광이 저절로 튀어나와서 하나하나 칠보로 에워싸였으며, 상인들은 바다에서 보배를 캐어 카필라국에 돌아와 저마다 기이한 보배를 왕에게 바쳤다. 왕은 상인들에게 물었다.

"그대들이 바다에 들어가 여러 값진 보배를 캘 적에 모두가 다 길하고 이로웠으며 괴로움은 없었습니까?"

그러자 상인들은 대답하기를 "대왕이시여. 지나온 길마다 매우 자연스럽고 편안하며 고요하였습니다"라고 하였다.

왕은 이 말을 듣고 크게 기뻐하면서 곧 바라문들을 청하도록 하였다. 바라문들이 다 모인 후 여러 가지 공양을 베푸는데, 코끼리와 말이며 칠보와 밭, 집과 종들을 주기도 하였다. 왕은 공양하기를 마치자 태자를 안고 나와서 바라문들에게 물었다.

"장차 태자에게 어떤 이름을 지어 주어야 하겠습니까?"

여러 바라문들은 함께 논의하다가 왕에게 대답하였다.

"태자께서 탄생하실 때 온갖 보배의 광이 모두 다 튀어 나왔으니 이 모든 상서로움이 길하지 아니함이 없습니다. 이런 이치로 태자를 살바 싯달타(薩婆 悉達多)[42]라 하는 것이 좋겠습니다."

이 말을 하자 허공의 천신들은 곧 하늘의 북을 치면서 향을 사르고 꽃비를 뿌리며 소리쳤다.

"훌륭하십니다."

이어 여러 하늘과 백성들은 즉시 외쳤다.

"살바 싯달타여!"

그 때 여덟 명의 왕도 이 날 백정왕과 같이 태자를 낳았으므로 저마다 기뻐하며 "내가 지금 아들을 낳아서 이렇듯 여러 기이함이 있구나" 하였는데, 이들은 살바싯달타의 상서로움 때문임은 알지 못했다.

여덟 왕은 바라문들을 모아서 저마다 태자를 위하여 좋은 이름을 지었다. 왕사성 태자의 이름은 빔비사라요, 사위국 태자는 파사익이요, 투라구타국 태자는 구갈파라 했고, 독자국 태자는 우타연이며, 발라국 태자는 울타라연, 노라국 태자는 질광, 덕차시라국 태자는 불가라파라, 구라파국 태자는 구라파라 하였다.

선인의 예언

한편 백정왕은 여러 신하들에게 널리 명하여 총명하고 들음이 많고 슬기로우며 관상을 잘 보는 이로 세상 사람들에게 잘 알려져 있는 이를 찾게 하였다. 그리고 왕은 곧 뒷동산 한가운데 큰 전각을 세우고 창문이며 난간을 칠보로 장식하였다.

여러 신하들은 사방을 두루 찾던 중, 오백의 바라문 가운데 가장 총명하고 관상을 잘 보며, 여러 기이하고 신비한 조짐을 보는 이를 만나 이를 왕에게 알렸다. 왕은 곧 사신을 그에게 보내어 빨리 도착하게 하였다.

신하들이 왕에게 "관상을 볼 줄 아는 바라문이 다른 이들과 함께 이제 막 도착하였습니다"라고 하자 왕은 기뻐하면서 곧 명하여 그들을 궁전에 들어오게 하고 여러 가지 공양을 베풀었다.

그 바라문이 말했다.

"저희들이 듣건대 대왕께서 태자의 탄생을 보셨으며, 태자는 여러 가지 상호와 기특한 상서를 보였다고 하는데, 원컨대 저희들이 볼 수 있도록 해 주십시오."

왕은 즉시 태자를 안고 나오도록 하였으며 바라문들은 태자의 상호가 거룩하고 엄숙함을 보고서 전에 없던 일이라 찬탄하였다.

왕은 곧 물었다.

"자, 태자의 상은 어떠합니까?"

바라문들이 아뢰었다.

"일체중생의 모든 아들이 다 훌륭하겠습니다만 특히 대왕의 태자는 크게 귀하며 남과 다르오니 근심하거나 두려워하지 마십시오."

그들은 덧붙여 아뢰었다.

"탄생하신 태자를 대왕께서는 비록 왕의 아들이라 말할 것이지만 이는 바로 세간의 사람과 하늘들의 덕목이십니다."

왕이 궁금하여 물었다.

"어떻게 그처럼 알 수 있습니까?"

바라문들은 대답하였다.

"우리가 태자를 자세히 살펴보니 몸의 빛깔은 빛나서

마치 순금과 같고 여러 상호를 지녀 아주 밝고 맑으십니다. 만약 출가하면 일체종지를 이룰 것이요, 그렇지 않으면 전륜성왕이 되어 사천하를 거느릴 것입니다. 이를테면 강물은 바다가 제일이요 산 가운데에는 수미산이 가장 뛰어났으며, 빛으로는 해보다 더 밝은 것이 없고 맑고 시원스런 것으로는 오직 밝은 달만이 최고인 것처럼, 하늘과 사람들의 세간에서는 태자가 어른이 되실 것입니다."

왕은 이 말을 듣고 크게 기뻐하면서 어떠한 것도 두려워하지 않았다. 바라문들은 왕에게 다시 여쭈었다.

"다섯 가지 신통을 두루 갖춘 아시타라는 한 선인(仙人)이 향산(香山)에 계십니다. 그는 능히 왕을 위해 모든 의혹을 풀어 드릴 것입니다."

이 말을 하고 난 뒤 여러 바라문들은 떠나갔다.

'아시타 선인이 향산에 살고 계신다는데 길이 매우 험하고 가파르므로 사람들은 갈 수가 없다. 어떤 방법을 써야 이곳으로 청할 수 있을까.'

왕이 이런 생각을 하고 있을 때에 아시타 선인은 멀리서 이미 왕의 뜻을 알고 있었다. 그는 또 앞서 모든 기이하고 상서로운 상을 보고, 보살이 나고 죽음을 깨뜨리기 위하여 일부러 현재 생을 받았음을 깊이 깨닫고 있던 터라 신통력으로 허공을 날아 왕궁에 이르렀다.

문지기가 들어가서 왕에게 여쭈기를 "아시타 선인께

서 허공을 날아 오셔서 지금 문 밖에 계십니다"라고 하자, 왕은 크게 기뻐하면서 곧 들어오도록 하였다. 왕이 몸소 받들며 영접하기 위해 문 위에 이르러 선인과 마주쳤다. 왕은 공경히 예배하고 후궁으로 들어가 선인을 청하여 앉게 하고는 문안하였다.

"존자시여, 사대(四大)[43]가 늘 편안하셨습니까?"

"대왕의 은혜를 입어 다행히 편안할 수 있었습니다."

"존자께서 오늘 내려오셨으니 저희들 종족은 바야흐로 크게 치성하여 이제부터 나날이 길하고 상서로움만 있겠습니다. 지나시는 도중에 일부러 여기에 들르신 것입니까?"

"내가 향산에 있으면서 큰 광명과 여러 가지 기이한 조짐을 보았거니와 또 대왕께서 마음으로 생각하는 바를 알고 여기에 왔습니다. 나는 신통력으로 허공을 날아오다가 여러 하늘들이 말하는 것을 들었습니다.

'왕의 태자는 반드시 장차 일체종지를 이루게 되어 천상과 인간을 제도 해탈케 할 것입니다. 또 왕의 태자는 오른편 겨드랑이로부터 탄생하여 칠보의 연꽃 위에 떨어지면서 일곱 걸음을 걷고는 오른손을 들고서 사자처럼 외치기를, 나는 천상과 인간 중에서 가장 높고 가장 뛰어나도다. 한량없는 나고 죽음을 이제야 다하였으니 이 생에서 일체의 하늘과 사람들을 이롭게 하리라', 고 하였으며, 또 여러 하늘들이 에워싸고 공경하는 기특한 일들을 알게 된 것입니다. 대왕이시여, 경하드립니다. 태자를 지금 만나볼 수 있겠습니까?"

왕은 곧 선인을 데리고 태자의 처소로 갔다. 부인이 태자를 안고 나와 신선에게 예배시키려 하자 신선은 바로 중지시키면서 왕에게 말하였다.

"이 분은 바로 천상과 인간과 삼계 중에서 가장 큰 어른이시거늘 어찌 저에게 예배하게 하시겠습니까."

그리고 신선은 즉시 일어나 합장하고 태자의 발에 예배를 하였다. 왕과 부인은 신선에게 여쭈었다.

"오직 원하건대 존자께서는 태자의 상을 잘 살펴 주십시오."

"그렇게 하겠습니다."

신선은 자세히 상을 본 후 갑자기 슬피 울며 어쩔 줄을 몰랐다. 왕과 부인은 신선이 슬피 우는 것을 보고는 놀라 온몸을 떨면서 크게 근심하고 괴로워하기를 마치 큰 물결에 작은 배가 움직이듯 하였다.

"우리 아들이 처음 태어나면서부터 여러 가지 상서로운 조짐을 갖추었거늘 무엇이 상서롭지 못하기에 그리 슬피 우십니까?"

신선은 흐느끼면서 대답하였다.

"대왕이시여, 태자야말로 상호가 완전히 갖추어졌으므로 상서롭지 않은 것은 없습니다."

"원컨대 저를 위하여 태자를 살펴 주십시오. 오래 살

얼굴입니까? 전륜왕의 위의를 얻어서 사천하의 왕이 되겠습니까? 제 나이 벌써 다 되었으므로 이제 국토를 태자에게 모두 맡기고 저는 장차 산중에 은신하며 도를 배우고 싶습니다. 소망은 오직 이것뿐이니, 존자께서는 반드시 정해진 결과를 살펴 주시오."

"대왕이여, 태자는 서른두 가지의 거룩한 모습을 갖추셨습니다. 발바닥이 편편하여 마치 향합 밑과 같으며, 발바닥에 천 개의 수레바퀴 살 모양이 온전히 갖추어졌습니다. 손발이 몸의 다른 부분보다 더 부드러우며, 손가락과 발가락은 다른 사람들의 것보다 깁니다. 발꿈치는 넓게 갖추어져서 원만하고 좋으며, 발가락에 붙은 얇은 막이 다른 이의 것보다 훌륭하고, 발등은 높고 평평하여 발꿈치와 서로 알맞으며, 장딴지는 가늘고 모양이 좋은 것이 마치 큰 사슴과 같습니다. 반듯이 서면 두 손이 무릎을 어루만지며, 남근이 숨어 있는 형상이 마치 말과 코끼리의 그것과 같습니다. 몸의 길이와 넓이가 같아서 마치 니그루 나무와 같으며, 낱낱의 구멍마다 털이 났는데 털이 위로 쏠리고 푸른 빛깔에 부드러운 것이 오른편으로 돌았습니다. 금빛 형상의 몸 빛깔은 미묘하여 염부단금(閻浮檀金)보다 뛰어났으며, 몸의 빛이 한 길입니다. 피부는 얇고 매끄러워서 먼지나 때가 끼지 않고 모기가 앉지 못하고, 일곱 군데가 가득 찼으니 두 발 아래와 두 손 가운데, 두 어깨 위와 목

가운데가 모두 두루하며 두 겨드랑이 아래가 원만하여 마치 마니주(摩尼珠)와 같습니다. 몸매가 사자와 같고, 몸이 넓고 단정하며 똑바릅니다. 어깨가 뚜렷하고 좋으며, 입에는 마흔 개의 이가 있는데, 다 희고 촘촘하면서 뿌리가 깊고, 그 중에서 네 개의 어금니가 가장 희면서 큽니다. 네모진 뺨이 사자의 것과 같고, 맛 중에서 으뜸가는 맛의 진액이 목구멍의 두 곳에서 흘러나오며, 혀는 크고 보드랍고 엷어서 얼굴을 덮고도 귀와 머리가 난 끝까지 이를 수 있으며, 맑은 소리(梵音)는 깊고 멀어서 마치 가릉빈가 새의 소리와 같습니다. 눈은 마치 금의 정광과 같은 빛을 내고, 속눈썹은 큰 소의 것과 같으며, 두 눈썹 사이 흰 털의 형상이 부드럽고 희기가 마치 툴라솜과 같고, 정수리에 살로 된 상투가 있습니다.

  이와 같은 상호의 몸을 갖추었으니 만약 집에 있으면 나이 스물아홉에 전륜성왕이 될 것이며, 출가하면 일체종지를 이루어 널리 천상과 인간들을 제도할 것입니다.

  그러나 왕의 태자께서는 반드시 도를 배워 최상의 깨달음을 이루시어 머지 않아 청정 법륜을 굴릴 것이며, 하늘과 사람들을 이롭게 하고 세간의 눈을 뜨게 할 것입니다.

  나는 이제 나이 많아 이미 백스무 살이므로 머지 않아 목숨이 끝나면 무상천에 태어납니다. 그렇기에 부처님이 나오심도 보지 못하고 경전의 법도 듣지 못할 것이므로 스스로 슬퍼할 따름입니다."

왕은 다시 선인에게 물었다.

"존자께서는 아까 점을 치면서 두 가지를 말씀하셨습니다. 하나는 왕이 된다 하시고 하나는 정각을 이루리라 하셨는데, 이번에는 어째서 틀림없이 일체종지를 이루리라고 말씀하십니까?"

"나의 관상법에는 '만약 어떤 중생이 서른두 가지 상을 갖추었으되, 만일 그 상이 잘못된 곳에 나타났거나 분명히 나타나지 아니하면 그는 반드시 전륜성왕이 되고, 만일 서른두 가지 상이 다 각각 그 처소에 알맞고 또 분명히 나타나면 그는 반드시 일체종지를 이룬다'고 되어 있습니다.

내가 태자의 형상을 자세히 살피건대 모두가 그 자리에 알맞을 뿐만 아니라 또 분명히 나타나 있습니다. 그러므로 틀림없이 바른 깨달음을 이루실 것입니다."

선인은 왕에게 이 말을 한 뒤에 작별하고 떠나갔다.

왕은 선인에게서 이렇듯 결정적인 말을 듣자 태자의 출가를 염려하여 마음에 근심 걱정을 품게 되었다. 왕은 곧 현명하고 슬기로운 하인 오백 명을 뽑아 태자를 기르고 보살피게 하였다. 그 중에 어떤 이는 젖을 주고 어떤 이는 안아주며 어떤 이는 목욕을 시키고 어떤 이는 빨래를 하는 등 왕은 태자를 보살피는 데에 모두 구족하게 하였다.

왕은 또 따로 태자를 위하여 궁전을 세 채 지어 따스하고 시원하고 춥고 더움에 따라 저마다 처소를 달리할 뿐만 아니라 그 전각들은 모두 칠보로 장엄하였으며, 의복과 장식 또한 모두 때에 따라 달리하였다.

왕은 태자가 집을 버리고 도를 배울까 두려워하여 성문을 여닫는 소리가 사십 리까지 들리게 하였고, 또 용모가 단정하고 날씬하며 크지도 작지도 않고 희지도 검지도 않으며 재능이 교묘하고 저마다 재주를 지닌 오백 명의 여인을 골라 모두 보배로 그 몸을 꾸민 뒤 백 명씩 한 차례로 하여 번갈아 자면서 태자를 지키도록 하였다.

그 전각 안에는 단 과일 나무를 나란히 심어 가지와 잎이 우거지고 꽃과 열매가 번창하였으며, 목욕하는 연못을 두어 맑고 깨끗이 하였다. 연못 가에는 향기로운 풀과 여러 빛깔의 연꽃이 아름답게 깔려서 헤아릴 수 없었으며, 기이한 종류의 새들은 수백천 가지로 마음과 눈을 빛나게 하여 태자를 기쁘게 하였다

마하부인의 생천

태자가 탄생한 지 칠 일 만에 그의 어머니의 이생의

인연은 다했지만 태자를 가진 공덕이 컸기 때문에 도리천에 태어나 복록을 저절로 받았다. 태자는 복과 덕이 거룩하고 지중하여 달리 예배를 받을 만한 여인이 없었기에 곧 세상을 떠날 여인에게 맡겨져 태어난 것임을 스스로 알았다. 그 때 태자의 이모인 마하파사파제는 태자를 젖먹여 길렀으므로 특히 어머니와 다름이 없었다.

학문을 익힘

왕은 칙명으로 칠보의 천관과 영락을 만들어 태자에게 주었으며, 태자가 자람에 따라 그에게 코끼리와 말, 양의 수레를 마련하여 주었고, 그 밖에도 어린아이들이 좋아하는 장난감이라면 주지 않은 것이 없었다. 왕은 또 차익이라는 하인에게 오백 명의 종을 딸려 태자를 모시게 하였다.

그 무렵 온 나라의 백성들은 모두가 어짊과 은혜로움을 행하였으며, 오곡은 잘 익었고 바람과 비는 때에 알맞았으며 또 도둑이 없어서 쾌락하고 편안하며 고요하였다. 이는 태자의 복과 덕의 힘이었다.

태자의 나이 일곱 살이 되자 왕은 '태자가 벌써 컸으니 학문을 하게 하여야겠다'고 생각하고 나라 안에서 여러 가지 글과 재주가 좋은 총명한 바라문을 두루 찾았다. 그리하여 발다라니라는 한 바라문이 오백 명의 바라문과 함께 왕의 요청을 받았다.

왕은 곧 바라문에게 물었다.

"존자를 태자의 스승으로 하려는데 그렇게 하시겠습니까?"

그러자 바라문은 "알고 있는 대로 태자를 가르쳐 드리겠습니다" 하고 대답하였다.

왕은 다시 태자를 위하여 대학당을 세워 칠보로 장엄하고 책상과 자리며 배우는 도구를 극히 깨끗하게 하고 좋은 날을 가려서 태자를 가르치게 하였다.

어느 날 바라문이 마흔아홉 글자가 쓰인 책으로 가르치며 읽게 하였더니, 태자가 이 일을 보고 그의 스승에게 물었다.

"이것은 어떤 글입니까? 염부제 안에서 사용하는 글들은 무릇 몇 가지나 있습니까?"

스승이 대답할 바를 몰라 잠자코 있자 태자는 또 물었다.

"이 아(阿)라는 글자 하나에는 어떠한 이치가 있습니까?"

스승은 역시 대답을 할 수 없게 되자 속으로 부끄러워하면서 곧 태자의 발에 예배하고 찬탄하였다.

"태자께서 처음 탄생하여 일곱 걸음을 걸으셨을 때에

스스로 말씀하시기를 '천상과 인간 중에서 가장 높고 가장 뛰어났도다'고 하셨는데, 이 말씀이야말로 거짓이 아닙니다. 오직 원컨대 저에게 염부제의 글은 무릇 몇 가지가 있는지 말씀하여 주십시오."

그러자 태자는 대답하였다.

"염부제 안에는 범서(梵書)가 있기도 하고, 카루서 또는 연화서(蓮花書)가 있기도 한데 이러한 것들이 예순 네 가지가 있습니다.

이 아(阿) 자는 바로 범음의 소리이며, 이 글자의 뜻은 바로 무너뜨릴 수 없다는 것이요, 또한 이는 더할 나위 없는 바르고 참된 도의 뜻이라는 것인데, 무릇 이와 같은 뜻이 한량없고 그지없습니다."

그러자 바라문은 깊이 부끄러워하며 왕에게 여쭈었다.

"대왕이시여, 태자는 바로 천상과 인간 중에서 첫째 가는 스승이신데, 어찌 제가 가르칠 수 있겠습니까?"

왕은 바라문의 말을 듣고 더욱더 기뻐하면서 전에 없던 일이라 찬탄하고, 그에게 후하게 공양을 한 뒤 뜻대로 가게 하였다. 이와 같이 태자는 무릇 여러 가지 기예와 전적(典籍)과 의론서(義論書)와 천문, 지리, 산수, 그리고 활쏘기와 말타기 들을 저절로 알았다.

과거현재인과경
제2권

무예를 겨룸

태자의 나이 열 살이 되었을 때 여러 석가 종족 가운데 오백 동자들도 모두 같은 나이가 되었다. 태자의 사촌 동생 데바닷타[44]와 난다, 순다라난다 등도 서른 가지 모습을 갖추었는데, 때로는 서른하나 서른두 가지 모습이 있는가 하면 또한 모습이 분명하지 않기도 하였다. 그들은 저마다 기예를 익혔고 특히 힘이 세다. 데바닷타 등의 오백 동자들은 태자가 모든 기예에 뛰어나며 그 이름이 사방에 떨치고 있다는 것을 듣고 서로 말하였다.

"태자가 비록 총명하고 슬기로우며 글과 의론을 잘 안다고 하지만 힘에 대해서만큼은 어찌 우리들을 이기겠는가? 태자와 더불어 그 용맹과 씩씩함을 겨루어 보고 싶구나."

그 무렵 왕은 태자에게 활쏘기를 가르치기 위하여 나라 안에서 활을 잘 쏘는 이를 불러와 궁전의 뒷 뜰에서 쇠북을 쏘게 하였다. 데바닷타를 비롯한 오백 명의 동자들도 모두 함께 따라갔다. 스승이 작은 활을 태자에게 주자 태자는 웃음을 머금고 물었다.
"이것을 제게 주어서 무엇을 시키려 하십니까?"
활쏘기를 가르치는 스승이 대답하였다.
"쇠북을 쏘도록 하십시오."
그러자 태자는 말하였다.
"이 활은 힘이 약합니다. 이런 활 일곱 개를 구해서 가지고 오십시오."
스승이 곧 활을 가져다 주자 태자는 일곱 개의 활 가운데 한 개의 화살을 쏘아 일곱 개의 쇠북을 모두 꿰뚫었다. 이에 활 가르치는 스승은 왕에게 여쭈었다.
"대왕이시여, 태자께서는 저절로 활쏘는 재주를 알고 계십니다. 화살 한 개의 힘으로 일곱 개의 북을 쏘아 꿰뚫으니, 활쏘기로는 염부제 안에서 겨룰 수 있는 이가 없을 것입니다. 어찌 제가 스승이 되겠습니까?"
왕은 이 말을 듣고 크게 기뻐하였다. '나의 아들이 총명하여 글과 의론이며 산수를 잘한다는 것은 사방에서 모두 알겠지만 활쏘기 재주만은 사방의 백성들이 아직 잘 모를 것이다.' 왕은 즉시 태자와 데바닷타 등의 오백 동자들에게 칙명을 내리는 한편 북을 쳐서 온 나라에 알렸다.

"태자 살바 싯달타는 지금부터 칠 일 후 무예를 시합하고자 한다. 여러 백성들 가운데 용맹한 힘을 지닌 이는 모두 이 시합에 나오도록 하라."

칠 일째가 되자 데바닷타는 육만 명의 무리들과 함께 맨 먼저 성을 나오는데 큰 코끼리가 성문에 서 있었다. 여러 군사들이 모두 감히 나아가지를 못하므로 데바닷타는 여러 사람들에게 물었다.

"무엇 때문에 여기에 서서 나아가지 못하오?"

"큰 코끼리 한 마리가 문을 가로막고 서 있으므로 온 대중들이 두려워하며 그 때문에 감히 나가지를 못합니다."

데바닷타는 이 말을 듣고 혼자 코끼리에게 다가가 머리를 손으로 쳐 바로 땅에 거꾸러뜨렸다. 이에 군사들은 차례로 지나가게 되었다. 그 뒤 난다가 무리들과 함께 성에서 나가려 하는데 군사들이 점차 느린 걸음으로 나아가므로 물었다.

"무엇 때문에 가는 것이 이렇게 느리오?"

"데바닷타가 손으로 큰 코끼리 한 마리를 치자 거꾸러져서 성문에 있기 때문에 가는 길에 방해가 되어 그렇습니다."

그러자 난다는 즉시 코끼리가 있는 곳으로 가서 발가락으로 코끼리를 잡아 길 가로 던져 놓았다. 이를 수많은 사람들이 모여서 구경하였다. 그 때 태자는 십만 명의 권속들에게 둘러싸여 비로소 성문에서 나가다가 길가에 사람들이 모여서 구경하는 것을 보고 물었다.

"이 사람들은 무엇을 구경하고 있느냐?"

"데바닷타가 손으로 코끼리 한 마리를 쳐 거꾸러뜨려서 성문에 두는 바람에 길이 막혔는데 난다가 다음에 나오다가 발가락으로 여기에 던져 두었습니다. 그 때문에 길가는 사람들이 모두 모여서 구경을 하고 있는 겁니다."

이에 태자는 '지금이 바로 힘을 나타낼 때로구나' 하고 생각하고 곧 손으로 코끼리를 집어서 성 밖으로 던져 놓았다. 돌아와서 손을 보니 다친 데가 없었으며 코끼리는 다시 소생하여 괴로워하는 바가 없으니 모두들 찬탄하였고, 왕도 이를 듣고 깊이 기이하게 여겼다.

이렇게 해서 태자와 데바닷타와 난다, 그리고 사방의 백성들이 모두 그 동산 안에 모였다. 동산은 갖가지로 장엄하였고 금북, 은북, 놋쇠북과 돌, 구리, 쇠북이 각각 일곱 개씩 준비되었다. 데바닷타가 맨 처음 활을 쏘아 세 개의 금북을 꿰뚫었고, 다음에 난다가 역시 세 개의 북을 꿰뚫었으므로 와 있던 대중들이 모두 다 감탄하였다.

그러자 뭇 신하들은 태자에게 여쭈었다.

"데바닷타와 난다가 모두 쏘아 마쳤으니 이번 차례는

바로 태자이십니다. 오직 원컨대 태자께서는 이 여러 북을 한꺼번에 쏘십시오."

이렇게 세 번을 청하자 태자는 대답하였다.

"그렇게 하겠소. 그런데 북 여러 개를 한꺼번에 쏘려면 이 활로는 힘이 약하니 힘이 센 활을 주시오."

"태자의 조부이신 선왕께 좋은 활이 하나 있었는데 지금은 왕의 창고에 있습니다."

"곧 가져오십시오."

태자는 이렇게 활을 가져오게 하여 곧 그 화살로 여러 북들을 꿰뚫었다. 그리고는 바로 땅 속으로 박혀 들어가서 샘물이 솟아나게 하더니 또한 대철위산(大鐵圍山)을 뚫고 지나갔다.

그 뒤 데바닷타와 난다는 함께 씨름을 하였는데 두 사람의 힘이 대등하여 역시 이기는 이가 없었다. 태자는 나아가서 손으로 두 아우를 잡고 땅에 넘어뜨렸으나 인자한 힘을 썼기 때문에 다치거나 아프지 않았다. 사방에서 온 백성들은 태자에게 이러한 힘이 있음을 보고 높이 외쳤다.

"백정왕의 태자야말로 지혜가 모든 백성들보다 뛰어날 뿐만 아니라 그 힘도 용감하고 씩씩하여 겨룰 이가 없나이다."

태자의 관정식

그러면서 탄복하지 않는 이가 없이 더욱더 공경심을 내었다.

그 때 왕은 곧 여러 대신들을 모아 놓고 함께 의논하였다.

"태자는 이제 나이 이미 장대하며 지혜롭고 용맹스러워 모든 것을 다 갖추었으니 이제야말로 마땅히 사대해수(四大海水)를 태자의 정수리에 뿌려[灌頂][45]야 하겠습니다."

그리하여 다른 작은 나라의 왕들에게 칙명을 내렸다.

"2월 8일에 태자의 정수리에 물을 뿌릴 테니 모두 모이시오."

2월 8일이 되자 모든 나라의 왕과 선인, 바라문들이 구름처럼 모여서 비단 번기와 일산을 내걸고 향을 사르고 꽃을 뿌리며 동을 울리고 북을 치면서 여러 가지 풍악을 울렸다. 또 칠보 그릇에 네 바다의 물을 담아서 여러 선인들이 저마다 정수리에 이어다가 바라문들에게 주었으며, 이렇게 하여 여러 신하들까지 두루 모두 바닷물을 정수리에 이고 와서 왕에게 전하여 주었으므로 왕은 곧 태자의 정수리에 물을 뿌리고는 칠보로 된 도장을 찍고 또 큰 북을 치며 소리 높여 부르짖었다.

과거현재인과경

"지금 살바 싯달타를 태자로 삼았노라."

그러자 허공에서 하늘, 용 등의 팔부중과 그 친속들이 하늘의 풍악을 울리면서 다같은 소리로 찬탄하였다.

"거룩하십니다."

한편 카필라국에서 태자를 세울 때에 다른 여덟 나라의 왕도 역시 이 날 똑같이 태자를 세웠다.

사 유(思惟)

얼마 뒤에 태자는 왕에게 나가서 유람할 것을 아뢰었다. 왕은 즉시 허락하고 태자와 여러 신하들과 함께 앞뒤에서 인도하고 따르면서 나라의 경계를 순찰하고 다녔다. 이윽고 왕의 전답이 있는 곳에 이르러 휴식을 하며 잠부나무 아래에서 밭을 가는 사람들을 구경할 때 정거천(淨居天)[46]은 흙벌레로 변하여 까마귀가 따르며 쪼아먹게 하였다. 태자는 이를 보고 자비심을 일으켜 '중생이란 불쌍하구나. 서로서로가 삼키고 잡아먹으니 말이다' 하고 생각하여 욕심세계의 애욕을 여의었다.

이렇게 하여 사선(四禪)[47]의 자리를 얻기까지에 이르렀는데, 햇빛이 강해지자 나무가 가지를 굽혀 내리면서 태자를 가려 주었다.

그 때 백정왕은 사방을 헤매며 태자를 찾던 중에 따

르던 사람이 "태자는 지금 잠부나무 아래에 계십니다" 하는 말을 듣고 여러 신하들과 함께 그 나무 아래로 나아갔다. 아직 그곳에 도착하기 전에 멀리서 태자가 단정히 앉아 생각하는 모습이며 그 나무가 가지를 굽혀 그의 몸에 그늘이 지게 함을 보고는 깊이 기특하게 여겼다.

왕은 나아가서 태자의 손을 붙잡고 물었다.

"너는 지금 무엇 때문에 여기에 앉아 있느냐?"

"여러 중생들을 자세히 살펴보니 서로가 잡아먹습니다. 불쌍하기 그지없습니다."

왕은 이 말을 듣자 그가 출가할까 염려하여 근심이 되었다. '서둘러 혼인을 시켜 그를 기쁘게 해야겠구나.' 이렇게 생각하고는 태자를 불렀다. "함께 성으로 돌아가자." 그러나 태자는 "여기에 머물러 있게 하소서" 하고 대답하였다.

왕은 그의 말을 듣고 생각하기를 '저 아시타가 옛날에 출가를 말하더니 태자가 이제 그 말과 같아지는구나' 하고 눈물을 흘리면서 거듭 불렀다.

"성으로 돌아가자."

태자는 부왕이 재차 요청하므로 곧 따라서 돌아왔다. 왕은 근심 걱정을 하며 태자가 집에 있기를 좋아하지 않게 될까 두려워하여 기녀들을 불러 즐기게 하였다.

결 혼

이윽고 태자의 나이 열일곱 살이 되었다. 왕은 신하들을 모아놓고 함께 의논하였다.

"태자가 이제 나이가 장대하였으니 그를 위하여 혼인할 곳을 찾도록 해야겠소."

"석가 종족의 한 바라문이 있는데 이름은 마하나마입니다. 그 사람에게는 야쇼다라라는 딸이 있는데 얼굴 모습이 단정하고 총명하여 슬기로우며 어질고 재주가 있어 남보다 뛰어나고 예의를 다 갖추었습니다. 이와 같은 덕이 있으므로 태자의 비가 될 만합니다."

"만약 그대들의 말과 같다면 곧 그녀를 받아들이겠소."

왕은 곧 궁중에서 오래 일한 총명하고 지혜로운 한 여인을 불러 명령하였다.

"너는 마하나마 바라문의 집에 가서 이레 동안 머물며 그 딸의 용모와 거동이며 예의가 어떠한지를 살펴보아라."

여인은 왕의 칙명을 받고 곧 그 바라문의 집에 가서 이레 동안 자세히 그 딸을 살피고 돌아와 왕에게 여쭈었다.

"제가 그 여인을 자세히 살폈습니다. 용모가 단정하

고 위의와 동작을 보니 그녀와 같은 이가 없겠습니다."

왕은 그 말을 듣고 매우 기뻐하면서 즉시 사람을 보내어 마하나마에게 말하게 하였다.

"태자의 나이 장대하였으므로 그를 위하여 비를 들이려 하오. 여러 신하들이 다 말하기를 그대의 따님이 착하고 아름다워서 여기에 천거될 만하다 하니 이에 허락하였으면 하오."

마하나마는 왕의 사신에게 대답하였다.

"삼가 칙명을 받들겠습니다."

왕은 즉시 신하들에게 택일한 뒤 수레 만 대를 보내어 영접하여 궁중에 이르게 하고 태자의 혼인 예식을 완전히 갖추었다. 또 여러 기녀들을 불러 밤낮으로 재미있게 즐기게 하였다. 태자는 언제나 그 비와 함께 가고 서고 앉고 누워서 만사에 함께 하지 않음이 없었으나 처음부터 세속에 뜻이 없었으므로 고요한 밤중에는 오직 선관(禪觀)만을 닦았다.

왕은 날마다 여러 시녀들에게 물었다.

"태자가 비와 함께 지내며 서로 접근하더냐?"

그러나 시녀들이 대답하기를 "태자에게서 부부의 도를 보지 못했습니다" 하므로 왕은 근심 걱정을 하고 언짢아하면서 더욱 기녀들을 늘려 즐기도록 하였다. 그럼에도 불구하고 태자는 비에게 오히려 더더욱 접근하지 않았으므로 왕은 태자가 남자 구실을 할 수 없는 것이 아닐까 깊이 의심하였다.

사문유관 — 무상을 느낌

그 무렵 동산과 숲에는 꽃과 열매가 한창이었고 흐르는 샘물은 맑고 시원하였다. 여러 기녀들이 노래를 부르고 읊는 것을 들으며 지내던 태자는 갑자기 유람할 생각이 들어 기녀들을 내보내고 왕에게 나아가 아뢰었다.

"궁중에만 있은 지가 오래 되었으므로 잠깐 동산 숲에 나가 돌아다니며 즐기고 싶습니다."

왕은 이 말을 듣고 무척 기뻐하였다. 또 왕은 이렇게 생각하였다.

'태자는 궁중 안에서 부부의 예를 행하기를 꺼려했던 것이로구나. 그래 이제 동산 숲에 나가려 하는구나.'

왕은 곧 허락을 하고는 여러 신하들에게 칙명을 내려 동산 누각을 정돈하고 다스리며 태자가 지나갈 길을 모두 깨끗하게 하였다. 태자는 왕에게 나아가서 땅에 엎드려 발에 예배하고 성을 나섰다. 왕은 곧 총명하고 지혜로우며 말을 잘하는 오래된 신하에게 명하여 태자를 따라가게 하였다.

태자가 여러 관속들에게 둘러싸여 성의 동쪽 문으로

나가는데 나라 안의 백성들은 태자가 나오는 것을 보고 남녀가 길을 메워서 구경하는 이가 마치 구름과 같았다.

그 때 정거천은 노인으로 변하였다. 머리는 하얗게 세고 등은 굽었으며 지팡이를 집고 느리게 걸어가는 사람을 보고 태자는 따르는 시종에게 물었다.

"이는 무엇하는 사람인가?"

"이는 노인이옵니다."

"무엇을 노인이라 하느냐?"

"이 사람은 일찍이 어린 시절과 소년 시절을 보내고 세월이 흐르면서 몸과 마음이 점차 변했습니다. 그러다가 마침내 감관이 성숙함에 이르러서는 형상이 변하고 차츰 약해져서 음식도 소화되지 않고, 기력이 허약해져 앉고 일어나는 데에도 고통이 심해지는데 남아 있는 목숨도 얼마 되지 않습니다. 그 때문에 노인이라 합니다."

"오직 이 사람만이 늙는가, 모두가 다 그러한가?"

"일체가 모두 다 당연히 이와 같이 늙어갑니다."

태자는 이런 말을 듣고 나서 크게 괴로워하였다. '해와 달은 흘러가고 때는 변하고 세월은 바뀌어서 늙음이 다가옴은 마치 번개와 같은데 몸의 편안만 더욱 믿고 있다. 나는 비록 부귀하다 하더라도 어찌 혼자 면하겠는가. 어찌하여 세상 사람들은 두려워하지도 아니할까.'

태자는 본래부터 세상에 있기를 좋아하지 아니하다

가 또 이런 일을 듣고서는 더욱 시름에 잠겨 곧 수레를 돌려 돌아왔다.

　왕은 이를 듣고 나서 마음으로 애닳아 하면서 그가 도를 배울까 두려워하며 다시 기녀들을 늘리고 재미있게 즐기도록 하였다.

　태자는 다시 얼마를 지나 또 왕에게 나아가 유람할 것을 아뢰었다. 왕은 이 말을 듣고 근심하였다. '태자가 먼저는 노인을 만나 근심하고 언짢아하였는데 이제 어찌하여 또 나가겠다 하는가.' 그러나 왕은 태자를 사랑하기에 차마 막지 못하고 머뭇거리면서 겨우 허락을 하고는 곧 여러 신하들을 모아놓고 함께 의논하였다.

　"태자가 지난번에 성의 동쪽 문으로 나가다가 노인을 보고는 곧 돌아와서 좋아하지 않았는데, 이제 또 나가서 유람하려 하기에 어쩔 수 없이 허락하였소."

　그러자 신하들은 대답하였다.

　"다시 바깥의 여러 관속들에게 엄히 명하여 도로를 닦고 다스리며, 꽃을 흩고 향을 사르며 모두들 화려하게 할 것이오며, 더러운 것이거나 늙은이며 병든 이가 길 가에 있지 못하게 하시옵소서."

　그 때 카필라성의 네 개 문 밖에는 각각 동산이 하나씩 있었는데 나무와 꽃과 열매며 목욕하는 연못과 누각이며 갖가지로 장엄하기가 모두 한결같았다. 왕은 여러 신하들에게 물었다.

"밖의 여러 동산과 누각 중에 어느 것이 훌륭한가?"
"바깥의 여러 동산과 누각들은 한결같이 훌륭하니 모두가 마치 도리천의 환희동산과 같습니다."
"태자가 먼저는 동쪽 문으로 나갔으니 이번에는 남쪽 문으로 나가게 하시오."
그리하여 태자는 백관들로부터 인도되고 따르면서 성의 남쪽 문으로 나아갔다. 정거천은 이번에는 병든 사람으로 모습을 바꾸었다. 몸은 여위었는데 배는 커서 헐떡거리고 신음을 하며, 뼈가 녹고 살이 얇아져 얼굴이 누렇게 뜬 채 온몸을 떨면서 스스로가 부지할 수 없으니, 두 사람이 겨드랑이를 붙잡고 길 가에 서 있었다.
태자가 물었다.
"이는 어떠한 사람인가?"
"이는 병든 사람입니다."
"무엇을 병들었다 하느냐?"
"대체로 병이라 함은 모두가 지나치게 즐기고 욕심내고 음식에 절도가 없는 데에서 생기는데, 네 가지 요소가 고르지 못하다가 점점 변하여 병이 되고, 온 뼈마디가 고통스럽고 기력이 없어지며 음식을 먹지 못하고 잠자리가 편안하지 못합니다. 비록 몸과 손이 있기는 하나 제대로 움직일 수 없고 남의 힘을 빌려서야 겨우 앉고 일어납니다."
태자는 자비심을 일으켜 그 병든 사람을 보살피면서

스스로 근심 걱정을 하다가 또다시 물었다.

"이 사람 혼자만이 그러한가? 다른 이도 모두 그러한가?"

"모든 백성은 귀하거나 천함이 없이 똑같이 병에 걸립니다."

'이러한 병의 괴로움이 누구에게나 반드시 있다면 어찌하여 세상 사람들은 즐거움에만 빠져서 두려워하지 아니할까.'

태자는 이렇게 생각하자 깊은 두려움이 생기고 몸과 마음이 떨리는데 마치 달 그림자가 물결 이는 물에 나타남과 같았다.

"이와 같이 몸이란 바로 큰 괴로움 덩어리로구나. 세상 사람들은 그 가운데서 제멋대로 기뻐하기만 하며 어리석게 식견없이 굴면서 깨달을 줄을 모르는구나. 이제 어떻게 저 동산에 가서 유람을 하며 즐겁게 놀 수 있겠느냐."

태자는 시종들에게 이렇게 말하고는 곧 수레를 돌려 왕궁으로 돌아왔다. 그리고는 앉아서 스스로 생각에 빠져 근심 걱정하면서 언짢아하였다.

한편 왕은 시종하였던 이에게 "태자가 이번에 나가서는 즐거움이 있었더냐?" 하고 물었다. 그러자 그가 대답하기를 "남쪽 문으로 나가시다가 병든 사람을 만났는데, 이 때문에 언짢아하면서 즉시 수레를 돌려 돌아와 버렸습니다"라고 하였다.

왕은 이 말을 듣고 또 그가 출가할까 크게 근심 걱정을 하며 여러 신하들에게 물었다.

"태자가 지난번에는 성의 동쪽 문으로 나가다가 늙은 이를 만나고는 근심 걱정을 하며 언짢아하였소. 이런 일 때문에 나는 그대들에게 명하여 깨끗이 길을 쓸고 늙고 병든 이가 길 가에 있지 못하게 하였는데, 어찌하여 이번에는 태자가 성의 남쪽 문을 나가면서 또 병든 사람을 만나게 하였는가?"

이에 신하들은 대답하였다.

"왕의 칙명을 받고 밖의 관리들에게 엄히 명령하여 더러운 것이나 늙고 병든 이를 길 가에 있지 못하게 하였고, 철저히 검사하기를 감히 게을리 하지 않았습니다. 어떤 일로 갑자기 병든 사람이 있게 되었는지 모르겠습니다."

왕은 다시 여러 시종하였던 이들에게 물었다.

"병든 사람이 길에 있었다는데 그가 어디로 가는지 너희들은 보았느냐?"

"종적이 없었사오며 그가 어디에서 왔는지도 모릅니다."

왕은 태자에 대하여 깊이 망설이는 마음을 내며 그가 도를 배울까 두려워하여 다시 기녀들을 늘려서 그를 기쁘게 하려 하였고 더욱 오욕(五欲)에 집착하는 마음을 내게 하려 하였다. 우다이라는 한 바라문의 아들이 있었다. 총명하고 슬기롭고 말재주가 뛰어났으므로 왕은 곧 그를 청하여 궁중에 들게 하였다.

"태자는 지금 세간에 있으면서도 오욕을 좋아하지 않는다. 그가 오래지 않아 출가하여 도를 배울까 두려우니, 그대가 함께 벗이 되어 세간에서의 오욕의 즐거움을 자세히 설명하여 아무쪼록 그의 마음을 붙잡아 출가를 생각하지 않게 하여라."

"태자는 총명하여 비길 이가 없으며 아는 바 글과 의론이 모두 다 깊고 넓습니다. 이는 제가 지금까지 듣지 못하였던 바인데 어떻게 권유하고 설명을 하라고 하십니까? 마치 연뿌리 속의 가는 실로 수미산을 매달려고 하는 것처럼 저도 그와 같아서 결코 태자의 마음을 돌릴 수 없을 것입니다.

그러나 대왕께서 명을 내리시어 벗이 되라 하시니 반드시 노력은 다하도록 하겠습니다."

우다이는 왕의 명을 받고 태자를 시종하며 가고 서고 앉고 눕는 데에 감히 멀리 떠나지를 않았다. 왕은 또다시 총명하고 지혜로우며 얼굴 모습이 단정하고 노래와 춤을 잘하여 남을 유혹할 수 있는 기녀들을 선발하여 태자의 눈에 들게끔 잘 꾸며 태자를 시중들게 하였다.

그러나 태자는 다시 얼마 있다가 왕에게 유람할 것을

여쭈었다. 왕은 '우다이가 이미 태자와 함께 벗이 되었으니 만약 지금 나가 유람을 하더라도 지난번처럼 세속을 싫어하거나 출가를 좋아하는 마음은 없으리라'고 생각하고 곧 허락을 한 뒤 다시 여러 신하들을 모아놓고 말하였다.

"태자가 또다시 유람을 하려고 하는데 나는 차마 못하게 할 수 없어 또 허락을 하였소. 태자가 지난번에 동쪽과 남쪽의 두 문을 나가다가 늙고 병든 이를 보고 돌아와서는 곧 근심 걱정을 하였으니 이번에는 서쪽 문으로 나가게 해야겠소. 그가 돌아와서 또 언짢아할까 염려는 되나, 그러나 우다이야말로 바로 그의 좋은 벗이므로 이번에는 나갔다가 돌아와서 그렇지 않기를 바라오. 그대들은 길과 동산 숲이며 대와 누각을 잘 닦고 다스리어 모두 엄히 정돈하게 하고, 향과 꽃과 번기며 일산을 전보다 배를 더하며, 다시는 늙고 병든 이거나 더러운 것이 길 가에 있지 않게 하시오."

신하들은 칙명을 받고 곧 바깥 관리들에게 일렀다.

"도로와 동산 숲을 보통 때보다 더 깨끗이 잘 꾸미도록 하라."

왕은 또 여러 아름다운 기녀들을 그 동산 안에 먼저 보내 놓고 다시 우다이에게 칙명을 내렸다.

"만약 길에서 상서롭지 못한 일을 당하면 방편을 써서 그의 마음을 달래고 기쁘게 해야 하느니라."

아울러 여러 신하들에게는 "태자를 따라 모시되 모두가 자세히 살펴 만약 불길함이 있으면 멀리 내쫓아 버려라"고 명을 내렸다.

태자는 우다이와 함께 백관들의 인도 아래 향을 사르고 꽃을 흩날리며 온갖 풍악을 울리면서 성의 서쪽 문으로 나갔다.

그 때 정거천은 생각하기를, '먼저는 늙고 병든 모습을 온 대중들이 모두 보았는데 이로 말미암아 왕을 수종하는 관리들이 책망받게 되었다. 지금 태자가 나옴에는 왕의 칙령이 지엄한데 내가 이제 죽음을 나타낸 것을 만약 모두가 보면 왕의 분노만 더하여 그들을 반드시 벌하고 죽이기까지 할 것이니, 오늘 내가 나투는 것은 오직 태자와 우다이 두 사람에게만 보이게 하고 그 밖의 관속들은 책망을 받지 않게 하리라.'

그는(정거천) 곧 내려와서 시체로 변하여 네 사람이 상여를 메고 여러 향과 꽃을 시체 위에 흩뿌리면서 집안의 모두가 통곡하는 모습을 보게 하였다. 그 모습을 태자와 우다이 두 사람만이 보았으므로 태자는 우다이에게 물었다.

"이는 어떠한 물건인데 꽃과 향으로 그 위를 장식하였으며, 또 사람들이 울부짖으면서 전송을 하고 있는가?"

우다이가 왕의 칙명 때문에 잠자코 대답을 하지 않자

태자는 다시 똑같이 세 번을 물었다. 그러자 정거천은 거룩한 힘으로 우다이가 자기도 모르는 사이에 대답하게 하였다.

"이는 죽은 사람입니다."

태자는 또 물었다.

"무엇을 죽음이라 하는가?"

"죽음이란 칼같은 바람이 형상을 찢어 버리어 정신이 떠나가는 것으로 온몸의 모든 감관이 다시는 아는 바가 없어지는 것입니다. 이 사람은 세상에 있으면서 오욕에 집착하여 몹시 고생하면서도 돈과 재물을 아꼈는데, 오직 쌓고 모을 줄만 알았을 뿐 무상한 줄은 모르다가 이제 하루 아침에 모든 재물을 버리고 죽은 것입니다. 또 부모와 친척 권속들의 사랑과 보살핌을 받다가 목숨이 끝난 뒤에는 마치 풀과 나무 같아서 은정(恩情)의 좋고 미움에 다시는 상관하지 못합니다. 이렇게 죽으니 진실로 슬프기 짝이 없습니다."

태자는 듣고 나서 크게 두려워하며 우다이에게 다시 물었다.

"오직 이 사람만이 죽는가? 다른 이도 당연히 그러한가?"

"온갖 세상 사람들은 모두가 이렇게 되는 것이며 귀하거나 천하거나를 막론하고 죽음을 면할 수는 없는 것입니다."

태자의 평소의 성품은 편안하고 고요하여 잘 움직이지 않는 터였지만 이 말을 듣고서는 어찌할 줄 모르면서 곧 힘없는 소리로 우다이에게 말하였다.

  "세간에서는 이러한 죽음의 괴로움이 있는데 어찌하여 그 안에서 방일한 마음을 행하여 마치 나무와 돌처럼 두려워할 줄 모르는가?"

  이어 곧 마부에게 명하여 수레를 돌려 돌아가도록 했다. 그러자 마부가 대답하였다.

  "지난번에도 두 성문을 나가 아직 동산에 이르기도 전에 중간에서 돌아갔습니다. 대왕께서 크게 꾸짖으셨는데 또다시 어찌 감히 그러하겠습니까?"

  그러자 우다이가 마부에게 말하였다.

  "자네가 말한 바와 같으니 돌아가지 말아야겠다."

  이리하여 동산에 이르러 향과 꽃으로 장식한 가운데 온갖 풍악을 울렸다. 여러 기녀들의 단정함은 마치 하늘의 시녀들과 다름이 없었고, 태자 앞에서 저마다 다투어 노래하고 춤추면서 멋진 자태로 그를 기쁘게 하여 마음을 편안하게 하려 하였다. 그러나 태자의 마음은 움직이지 않았으며 곧 동산에 있는 나무 그늘에서 쉬면서 시종들을 물리치고 단정히 앉아 옛날 일찍이 잠부나무 아래 있으면서 욕계를 멀리 여의고 제사선정(第四禪定)[48]에 이른 것을 생각하고 있었다.

  그것을 보고 우다이는 태자에게 이르러 이렇게 말하

였다.

"대왕께서는 칙명으로 저로 하여금 태자의 벗이 되게 하였습니다. 만약 득실이 있으면 서로가 깨우쳐 주는 것이 벗에 대한 도리입니다. 여기에는 세 법(三法)이 있습니다. 첫째는 과실이 있음을 보면 곧 서로가 일러 주어 알게 하고, 둘째 좋은 일이 있음을 보면 따라서 기뻐하고, 셋째는 괴로운 재난이 있을 때는 서로 버리지 않는 것입니다. 이제 진실한 말씀을 드릴 테니 부디 책망하지 마십시오. 옛날의 모든 왕과 현재의 왕들은 모두 다 오욕의 즐거움을 즐긴 연후에 출가했는데 태자는 어째서 영영 끊고 돌아보지 않습니까? 또 사람이 세상에 사는 동안에는 마땅히 사람으로서의 행동을 해야 될 터인즉, 나라를 버리고 도를 배우는 이는 없습니다. 오직 원컨대 태자께서는 오욕으로써 아들이 있게 하시고 왕의 후사를 끊지 마십시오."

이에 태자가 대답하였다.

"진실한 말씀이오. 다만 나는 나라를 버리기 위하여 그런 것이 아니며 또 오욕이 좋지 않다고 생각하지도 않습니다. 늙고 병들고 나고 죽는 괴로움을 두려워한 까닭에 오욕에 감히 애착하지 않는 것뿐입니다. 그대는 아까 말하기를 옛날 여러 왕들은 오욕을 먼저 겪고 그런 뒤에 출가하였다 하였지만 이 여러 왕들은 이제 어디에 있겠습니까? 애욕 때문에 지옥에 있기도 하고, 또는 아귀에 있기도 하고, 또는 축생에 있기도 하며, 또는 인간과 천상에 있기도 합니다. 이와 같이 굴러다니는 괴로움이 있기 때문에 나는 다만 늙고 병드는 괴로움과 생과 사의 법을 여의려고 할 따름입니다. 그대는 어째서 나로 하여금 그 괴로움을 받게 하려 합니까?"

우다이가 비록 말재주가 뛰어나 태자를 달래려 하였으나 달리 다른 말을 할 수는 없었으므로 곧 물러나 앉았다가 처소로 돌아왔다. 태자는 즉시 수레를 차리도록 명령하여 궁중으로 돌아가려 하였다. 여러 기녀들과 우다이는 근심하고 슬퍼하며 얼굴이 일그러짐이 마치 사랑하던 친척을 잃은 사람과 같았다. 태자는 궁중에 돌아와서 몹시 슬퍼함이 예전보다 더했다.

백정왕은 이번에는 우다이를 불러서 물었다.

"태자가 이번에 나가서는 즐거움이 있었더냐?"

"성을 나가다가 멀지 않은 데서 죽은 사람을 만났는데 그가 어디서 왔는지는 모르겠습니다. 태자가 저와 함께 동시에 그를 보고 묻기를 '이는 어떠한 사람이냐?'고 하기에 저도 모르는 결에 '이것은 죽은 사람입니다'고 대답하였습니다."

왕은 다시 여러 시종하였던 이들에게 물었다.

"너희들은 모두 성의 서쪽 문 밖에서 죽은 사람이 있던 것을 보았느냐?"

그러자 수종하였던 이들은 대답하였다.

"저희들은 보지 못하였습니다."

왕은 이 말을 듣고 정신이 멍해지며 '태자와 우다이 두 사람만이 보았다 하니 이는 바로 하늘의 힘이요 신하들의 허물이 아니다. 반드시 아시타의 말과 같겠구나'라고 하면서 크게 괴로워했다. 또 왕은 다시 기녀를 늘려 즐기게 하며 날마다 사람을 보내어 태자를 위로하였다.

"이 나라는 바로 너의 소유인데 무엇 때문에 근심 걱정을 하면서 언짢아하느냐?"

왕은 또 여러 기녀들에게 엄히 명을 내렸다.

"태자의 뜻을 기쁘게 하기를 밤낮으로 쉬지 말라."

왕은 태자의 일이 비록 하늘의 힘이고 사람의 일이 아닌 줄 알면서도 태자를 사랑하고 중히 여겨 말을 하지 않을 수가 없었다. '태자가 지난번에 서쪽 성문으로 나갔으니 이제는 오직 북쪽 문만이 남았구나. 그는 반드시 오래지 않아 다시 나가 유람을 하려 할 것이다. 다시 그 바깥 동산 숲을 장엄하게 하여 더욱더 빛나고 곱게 하며 온갖 뜻에 맞지 않는 일이 없게 해야 하겠다.'

왕은 생각했던 바를 자세히 신하들에게 명령하였다. 왕은 또다시 마음으로 원하기를 '태자가 혹시 성의 북쪽 문으로 나갈 때에는 오직 원하나니, 여러 하늘이시여, 다시는 상서롭지 못한 일을 나타내어 또 제 아들의

과거현재인과경

마음에 근심과 괴로움이 생기지 않게 하소서' 하고 드디어 마부에게도 칙명을 내렸다.

"태자가 만약 나가게 되면 말을 타게 하여 사방으로 여러 백성들이 빛나고 곱게 꾸며 놓은 것을 바라볼 수 있게 해야 한다."

과연 얼마 뒤 태자는 다시 왕에게 가서 유람할 것을 여쭈었고 왕은 차마 어기지 못하여 허락하였다. 태자는 곧 우다이와 다른 관속들에게 둘러싸여 인도하고 따르도록 하고 성의 북쪽 문으로 나가 동산에 이르자, 말에서 내려 나무 아래에 쉬면서 시종들을 물리치고 단정히 앉아 세간의 늙고 병들고 죽는 고통을 생각하였다. 그 때 정거천은 비구로 변하여 법복에 바루를 가지고 손에는 석장을 짚고 땅을 보면서 가다가 태자 앞에 섰다. 태자는 이를 보고 곧 물었다.

"당신은 어떤 사람입니까?"

"나는 바로 비구입니다."

"무엇을 비구라 합니까?"

"능히 번뇌의 도둑을 깨뜨리고 내생의 몸을 받지 않나니 그 때문에 비구라 합니다. 세간은 모두 다 무상하고 위험하지만 내가 닦고 배우는 것은 번뇌 없는 거룩한 도입니다. 형상과 소리, 냄새와 맛, 촉감과 법에 집착하지 않고 영원히 무위(無爲)[49]를 얻어 해탈의 언덕에 도달합니다."

이 말을 마치자 정거천은 태자 앞에서 신통력을 나타내어 허공을 날며 떠나갔다. 이 때 비로소 시종하던 여러 관속들은 이를 보게 되었는데, 태자는 이미 이 비구를 만난 뒤였다. 태자는 널리 출가 공덕에 대한 말을 듣자 그가 옛날부터 품고 있던 세속을 싫어하는 정에 일치하였으므로 문득 스스로 부르짖었다.

"훌륭하고 훌륭하구나. 천상과 인간 가운데에서는 오직 이것만이 훌륭한 것이로다. 나는 결정코 이런 도를 닦고 배워야겠다."

이렇게 말하고 곧 말을 찾아 타고 궁성으로 돌아왔다. 태자의 마음에는 기쁨과 경하함이 일었다. '나는 먼저 늙고 병들고 죽는 고통이 있음을 보고 밤낮 언제나 두려워하며 이 때문에 시달림을 받았는데 이제야 비구를 보고 나의 뜻을 깨쳤고 해탈의 길을 보았다.' 태자는 곧 스스로 방편을 생각하며 출가의 인연을 찾았다.

그 때 백정왕은 우다이를 불러 물었다.

"태자가 이번에 나가서는 즐거움이 있었더냐?"

"태자가 나갈 때 지나는 길에서는 상서롭지 못한 일이 없었는데, 동산에 이르러 태자가 혼자 나무 아래 있었습니다. 멀리서 보았더니 한 사람이 머리카락과 수염을 깎았고 물들인 옷을 입고는 태자의 앞에 와서 함께 말을 하다가 말을 마치자 허공을 날아 돌아갔습니다. 끝내 그가 무엇을 말하였는지는 모르겠습니다. 태자는

과거현재인과경

그 뒤 곧 수레를 차리고 돌아왔는데 처음에는 얼굴이 기뻐 보이더니 궁중으로 돌아와 곧 근심 걱정을 하였습니다."

왕은 이 말을 듣고 의심이 들었으나 역시 이것이 무슨 상서로운 조짐인지는 몰랐으므로 깊이 괴로워하였다. '태자는 틀림없이 출가하여 도를 배울 것이다. 그런데 그의 비를 들인 지가 오래되었지만 아들이 없으니, 이제 야쇼다라에게 명하여 방편을 생각해서 나라의 후사가 끊어지지 않도록 하며, 또 경계를 엄중히 하여 태자가 떠나가는데도 모르는 일이 없도록 해야겠다.'

왕은 곧 야쇼다라에게 칙명을 내렸고, 야쇼다라는 이를 듣고 마음으로 부끄러워하며 잠자코 있었지만 이내 생활의 전부를 태자와 함께 하였다. 왕은 더더욱 여러 아름다운 기녀들을 불러 즐기게 하였다.

출 가

나이 열아홉 살이 되자 태자는 생각하기를 '이제 출가할 때구나' 하고 곧 부왕에게 나아갔다. 그 위의가 차분함이 마치 제석이 범천에게 나아감과 같았다. 곁의 신하들이 보고 왕에게 여쭈었다.

"태자가 지금 대왕에게 오고 계십니다."

왕은 이 말을 듣고 근심과 기쁨이 뒤섞였다. 태자는 다가와 땅에 엎드려 예배하였다. 그러자 부왕은 바로 그를 데려다가 앉게 하였다. 태자는 뒤에 부왕에게 여쭈었다.

"은혜와 사랑이 모이면 반드시 이별이 있는 것입니다. 오직 원하옵건대 제가 출가하여 도를 배우도록 허락하여 주소서. 일체중생이 사랑해서 이별하는 괴로움을 모두 해탈하게 하겠으니 원컨대 반드시 허락하시옵고 만류하지 마십시오."

왕은 태자의 말을 듣고 크게 괴로워함이 마치 금강으로 산을 깎고 깨뜨리는 것과 같았다. 온몸을 떨며 자리에 편히 있지 못하다가 태자의 손을 붙잡고는 말을 못하고 슬피 흐느껴 울며 목이 메었다. 왕은 한참을 이렇게 있다가 작은 소리로 말하였다.

"너는 이제 출가하려는 뜻을 쉬어야 한다. 왜냐하면 아직 네 나이도 젊을 뿐더러 나라에는 아직 후사도 없는데 홀연히 나를 버리게 되고 돌보지 못하게 되니 말이다."

태자는 부왕이 눈물을 흘리며 허락하지 않음을 보고 그대로 돌아왔으나 오직 출가할 생각에 근심하며 언짢아하였다. 그 때 카필라국에서는 점성가들이 "태자는 만약 출가하지 않으면 칠 일이 지난 후에는 전륜왕위를 얻어 사천하를 다스리며 칠보가 저절로 이르리라" 하며

과거현재인과경

저마다 아는 바를 왕에게 아뢰었다.

"석가 종족은 바야흐로 흥성하겠습니다."

왕은 이 말을 듣고 마음으로 기뻐하면서 여러 신하와 석가 종족의 아들들에게 칙명을 내렸다.

"너희들도 점성가들에게서 이와 같은 말을 들었느냐? 모두 밤낮으로 태자를 모시고 호위하여야 한다. 그리고 성의 네 문마다 천 명씩 성 밖과 안을 둘러싸서 사람들을 배치하여 방호하라."

또 야쇼다라비와 여러 내관들에게도 칙명을 내렸다.

"더욱더 경계를 더하여 칠 일이 지날 때까지 출가하지 못하도록 하라."

왕이 태자의 처소에 오자 태자는 멀리서 보고 즉시 받들어 맞으면서 땅에 엎드려 발에 예배하고 문안을 드렸다. 왕은 태자에게 간곡히 말하였다.

"나는 예전에 이미 아시타와 여러 점성가들에게서 여러 가지 신기하고 상서로운 이야기를 들었다. 그래서 네가 반드시 세상에 살기를 좋아하지 않는 줄 알고 있었다. 그러나 나라에는 후사가 중한 것이며 부디 이어져야 한다. 오직 소원은 나를 위하여 아들 하나만을 낳아라. 그러한 뒤에 세속을 끊겠다면 다시는 반대하지 않으리라."

태자는 부왕의 말을 듣고 '대왕께서 나를 몹시 만류하신 까닭은 바로 나라에 후사가 없기 때문이었구나' 라고 생각하고 왕에게 대답하였다.

"그렇게 하겠습니다. 칙명대로 하겠습니다."

그리하여 태자는 즉시 왼손으로 아쇼다라 비의 배를 가리켰다. 그러자 야쇼다라는 곧 몸이 이상함을 깨달았고 저절로 임신한 것을 알았다. 왕은 칙명대로 하겠다는 태자의 말을 듣고 '칠 일 안에는 반드시 아이가 있지 못할 것이다. 만약 이 기간만 지나면 태자는 저절로 전륜왕위에 오를 것이며 다시는 출가하지 않게 되리라' 하고 크게 기뻐하였다.

그러나 태자는 생각하기를, '나는 나이 이미 열아홉에 이르렀다. 지금이 바로 2월이요 또 7일인데 방편을 써서 출가해야겠다. 왜냐하면 지금이 바로 때이며 또 부왕의 소원도 이미 만족시켰기 때문이다' 하고는 몸에서 광명을 뿜어 사천왕과 정거천의 궁전을 비추었다.

그러나 인간만은 이 광명을 보지 못하게 하였다. 여러 하늘들은 이 광명을 보자 모두 태자가 출가할 때가 다가왔음을 알고 곧 내려와서 태자에게 이르러 땅에 엎드려 발에 예배하고 합장하고 여쭈었다.

"한량없는 겁으로부터 오면서 닦고 행한 바 이 원이 이제야 바로 성숙해진 때입니다."

이에 태자는 여러 하늘들에게 대답하였다.

"그대들의 말과 같이 지금이야말로 바로 때입니다. 그러나 부왕께서 안팎의 관속들에게 칙명을 내려 엄히

막고 지키고 있기에 떠나고 싶어도 갈 수가 없습니다."

그러자 여러 하늘들이 여쭈었다.

"우리들이 여러 방편을 마련하여 태자를 나가시게 하겠으며 알아차리는 이가 없게 하겠습니다."

여러 하늘들은 곧 그들의 신통력으로 모든 관속들을 다 곤히 잠들게 하였다. 그 때 야쇼다라는 누워 잠을 자는 동안에 세 가지 큰 꿈을 얻었다. 첫번째 꿈은 달이 땅에 떨어짐이요, 두번째 꿈은 어금니가 빠짐이요, 세번째 꿈은 오른쪽 팔을 잃어버린 것이었는데, 이런 꿈을 꾸고 나서 잠결에 놀라 깨어나 크게 두려워하면서 태자에게 알렸다.

"잠을 자는 동안에 나쁜 꿈을 세 가지 꾸었습니다."

이에 태자가 "어떤 꿈을 꾸었소?" 하고 묻자 야쇼다라는 꿈을 자세히 이야기하였다.

"달은 아직도 하늘에 있고, 어금니도 빠지지 않았으며, 팔도 아직 있습니다. 모든 꿈이란 거짓이어서 진실이 아닌 줄 알아야 하리다. 당신은 이제 쓸데없이 두려워하지 마시오."

그러나 야쇼다라는 "제가 스스로 꿈을 꾼 것을 생각해 보면 이는 반드시 태자께서 출가하시는 조짐입니다"라고 말하였다. 태자는 이에 대답하였다.

"편히 잠이나 잘 것이며 그런 염려는 하지 마시오. 당신에게 상서롭지 못한 일은 절대로 없게 되리라."

야쇼다라는 이 말을 듣고 다시 잠을 잤다. 태자는 곧 자리에서 일어나 기녀들과 야쇼다라를 살펴보았다. 모두가 마치 나무로 만든 사람들과 같았고 파초의 속이 굳거나 차지 않음과 같았다. 어떤 이는 악기 위에 엎드려 있기도 하고 어떤 이는 팔다리를 땅에 드리우고 있기도 하며, 서로 베개 삼아 누워 있기도 하는데 콧물과 눈물을 흘리기도 하고 입 속에서 침이 흘러나오기도 하였다. 또다시 아내와 기녀들을 자세히 살펴보았더니 바깥은 가죽 주머니로 되어 있고 그 안에 온갖 더러운 것이 담겨 하나도 기특한 것이 없거늘 억지로 향을 바르고 꽃과 비단으로 꾸민 것에 지나지 않았다. 마치 빚졌다가 도로 갚는 것과 같아서 역시 오래할 수 없는 것이었다.

'백 년 동안의 목숨을 누워서 그 반을 소비하고, 그나마 근심과 괴로움이 많아서 그 즐거움은 얼마 되지 않는다. 세상 사람들은 어찌하여 항상 이런 일을 보면서도 깨치지를 못하며, 또 그 속에서 음욕에 탐착하는 것일까. 이제 옛날의 모든 부처님들께서 닦으셨던 행을 배워야겠으며 서둘러 이 큰 불더미를 멀리해야겠구나.'

태자가 이렇게 생각하고 있을 때 오경(五更)이 되었는데, 정거천의 왕과 욕계의 하늘들이 허공에 가득히 차서 함께 태자에게 말하기를 "안팎의 권속들이 모두 곤히 잠을 자고 있으니, 지금 출가할 때입니다"라고 했다.

태자는 즉시 마부 차익에게 갔는데 하늘들의 힘 때문에 차익이 저절로 깨어났다.

"너는 나를 위하여 말 칸타카를 준비해 오도록 하라."

차익은 이 말을 듣고 나서 온몸을 떨며 머뭇거렸다. 태자의 명령을 어기고 싶지는 않았으나 왕의 칙명이 엄함을 두려워하였기 때문이었다. 한참을 생각하다가 눈물을 흘리면서 말하였다.

"인자하신 대왕의 칙명이 보시는 것처럼 엄합니다. 지금은 유람하실 때도 아니며, 또 적에게 항복받는 날도 아닙니다. 어찌하여 오경인 이 밤중에 갑자기 말을 찾으십니까? 어디를 가려 하시옵니까?"

태자는 다시 차익에게 말하였다.

"나는 이제 일체중생들을 위하여 번뇌의 도둑을 항복받으려 한다. 그러니 너는 이제 나의 이 뜻을 어기지 말지니라."

그러자 차익은 야쇼다라와 여러 권속들을 깨워 태자가 떠나가는 것을 알리려고 큰소리로 울부짖었지만 그들은 이미 하늘들의 신력으로 곤히 잠에 빠져 있었다. 차익이 할 수 없이 말을 끌어오자 태자는 천천히 나오면서 차익과 칸타카에게 말하였다.

"온갖 은혜와 사랑은 만나면 이별을 해야 한다. 세간

의 일은 쉽게 할 수 있지만 출가의 인연이야말로 매우 성취하기 어렵다."

차익은 가만히 듣고 아무 말도 없었으며 칸타카도 역시 다시는 울부짖지 않았다. 태자는 날이 밝아지려 함을 보고 몸에 광명을 내어 시방을 환히 비추고 사자처럼 외쳤다.

"과거 모든 부처님께서 출가하신 법을 나도 이제 그렇게 하노라."

이에 여러 하늘들은 말의 발을 떠받치고 제석천은 일산을 잡고 따르며 즉시 성의 북쪽 문이 소리도 없이 저절로 열리게 하였다. 태자가 문을 따라 나가자 허공의 하늘들이 찬탄하며 따르는데, 태자는 또 사자처럼 외쳤다.

"만약 나고 늙고 병들고 죽음과 근심, 슬픔이며 괴로움을 끊지 못하면 나는 결코 궁중으로 돌아오지 않겠으며, 또한 만약 최상의 깨달음을 얻지 못하거나 법륜을 굴릴 수 없다면 역시 결코 돌아와 부왕을 만나지 않을 것이며, 만약 은혜와 사랑의 정을 다하지 못한다면 마침내 마하파사파제와 야쇼다라를 돌아와 만나지 않을 것이다."

태자가 이 맹세를 말하자 허공에서 하늘들이 찬탄하며 말하였다.

"지중하십니다. 그 말씀이야말로 반드시 이루시리다."

이렇게 하여 성을 떠난 태자는 새벽이 될 때까지 3요자나를 갔다. 여러 하늘들은 태자를 따라 이곳까지 와서는 할 일을 다 마쳤기에 홀연히 나타나지 않았다. 태자는 계속 길을 가다가 어느덧 발가선인(跋伽仙人)이 고행하는 숲 속에 닿았는데, 태자는 이 동산 숲이 고요하고 시끄럽지 않은 것을 보자 마음이 기뻐지며 모든 감관이 밝아왔다. 즉시 말에서 내려 말 등을 어루만지면서 말하였다.

"하기 어려운 일을 너는 해 마쳤다."

태자는 또 차익에게 말하였다.

"말의 행보가 빨라서 마치 큰 금시조와 같았거늘 너는 한결같이 따르면서 내 곁을 떠나지 않았다. 세간의 사람들은 착한 마음을 지녔어도 몸은 따르지 않기도 하고, 몸과 힘은 따르면서도 마음이 맞지 않기도 하는데, 너는 이제 마음과 몸이 모두 다 맞아 어긋남이 없구나. 또 세간 사람들은 부귀가 있으면 다투어서 따르고 받들고 섬기지만, 나는 이미 나라를 버리고 이 숲속으로 왔는데도 오직 너 한 사람만이 나를 따랐으니 이는 매우 드문 일이다. 나는 이제 이미 한가하고 고요한 곳에 이르렀으니 너는 즉시 칸타카와 함께 궁중으로 돌아가도록 하라."

차익은 이 말을 듣고 슬피 울면서 정신없이 땅에 쓰러져 어쩔 줄을 몰랐다. 또 말 칸타카는 자기를 궁중으로 돌려보낸다는 말을 듣고는 무릎을 꿇고 발을 핥으며 눈물을 비오듯 흘렸다.

"제가 어떻게 태자께서 하신 말씀만을 따르겠습니까? 저는 궁중에서 대왕의 칙명을 어기고 칸타카를 준비해 태자를 모시고 오늘 여기까지 오게 되었습니다. 부왕과 마하파사파제께서는 태자를 잃으셨기 때문에 반드시 크게 근심하고 괴로워하실 것이며, 궁중 안팎에서는 야단법석일 것입니다. 이 곳은 험난하며 사나운 짐승과 독충들이 길에 마구 깔려 있거늘 제가 어떻게 태자를 두고 혼자 궁중으로 돌아가겠습니까?"

그러자 태자는 곧 차익에게 말하였다.

"세간의 법에서는 혼자 나고 혼자 죽거늘 어찌 벗이 있겠느냐. 또한 나고 늙고 병들고 죽는 여러 고통이 있거늘 내가 어찌 이것과 함께 벗이 되어야 하겠느냐. 나야말로 이제 모든 고통을 끊기 위하여 여기까지 온 것이니 만약 고통이 끊어질 때면 그 후에 일체중생과 함께 벗이 되겠지만 지금은 모든 고통을 아직 끊지 못했으면서 어찌하여 너와 벗이 될 수 있겠느냐."

차익은 다시 간곡히 말하였다.

"태자께서는 탄생하시고부터 줄곧 깊은 궁중에만 계셨으므로 몸과 손발이 모두 다 부드러우며 잠을 자는 평상과 이부자리 또한 부드럽고 매끄럽지 않은 것이 없었는데, 어떻게 하루아침에 가시덤불과 돌 부스러기며 진흙을 깔고 누우며 거친 나무 아래 머무르시겠습니까?"

태자가 다시 대답하였다.

"진실로 너의 말과 같지만 만일 내가 궁중에서 산다면 이런 가시덤불의 환난은 면할 수 있겠지만 늙고 병들고 죽는 고통에만은 언젠가 저절로 침범당하리라."

차익이 태자의 말을 듣고 슬피 울며 서 있자, 태자는 차익에게 가서 칠보로 된 칼을 잡고 사자처럼 외쳤다.

"과거의 모든 부처님이 최상의 깨달음을 이루기 위하여 장식과 좋은 것들을 버리고 수염과 머리카락을 깎아 없애셨는데 나도 이제 모든 부처님의 법에 의지해야 하리라."

이 말을 하고 곧 보배 관과 상투 속의 명주를 벗어서 차익에게 주었다.

"이 보배 관과 명주를 왕께 바치고 너는 나 대신 대왕에게 아뢰어라. '나는 이제 하늘에 나서 즐기려 함도 아니요, 부모에게 불효하려 함도 아니요, 또한 원망하거나 성내는 마음도 없사오며 오직 저 나고 늙고 병들고 죽는 것을 두려워하여 끊어 없애기 위하여 여기까지 왔을 뿐입니다'라고 해야 할 것이며, 너는 나를 도와 함께 기뻐하고 경하할 것이요 상서로운 일에 다시는 슬퍼하거나 근심하지 말라.

부왕께서 만약 내가 아직 출가할 시기가 아니라고 말

쏨하시면 너는 나 대신 대왕에게 아뢰기를, '늙고 병들고 죽음이 다가옴에 어찌 일정한 시기가 있겠사오며, 사람이 비록 젊고 씩씩하다 한들 어찌 이를 면할 수 있겠나이까'라고 하여라.

부왕께서 만약 또 나를 책망하시되 '본래 아들을 두겠다는 약속으로 출가를 허락하였거늘 아직 아들이 없는데 어찌하여 떠나갔느냐'라고 하신다면, 궁중을 나올 때에 미처 여쭙지 못한 것을 네가 나를 대신하여 자세히 부왕에게 여쭙되, '야쇼다라는 오래 전에 이미 임신하였사오니 왕께서 스스로 물어 보실 일이오며, 예전의 칙명대로 받든 것이지 멋대로 한 것이 아니옵니다'라고 하라.

옛날에 전륜성왕은 나라의 왕위가 싫어져 산중에 들어가서 출가하여 도를 구하다가 중도에 그만두고 돌아가서도 오욕락을 즐긴 일이 없었다. 내가 이제 출가해도 역시 그와 같으리라. 보리(菩提=깨달음)를 이루지 못하면 마침내 궁중에 돌아가지 않으리니, 안팎 권속들이 모두 나에게 은혜와 애정이 있을 터이나 너의 변재로 그들을 이해시킬 것이며, 나로 인한 근심 고통을 일으키지 않도록 하라."

태자는 다시 몸에 걸친 구슬을 벗어 차익에게 주었다.

"너는 나를 위하여 이 구슬을 마하파사파제께 바치면

서 아뢰되, '나는 이제 모든 괴로움의 근본을 끊기 위하여 짐짓 궁성을 나왔으며 이 소원을 이루겠으니, 다시는 나에 대하여 괴로움을 일으키지 마옵소서' 하고 부탁드리도록 하라.

또 몸에 걸친 이 장식을 벗어 야쇼다라에게 줄 터이니, '인생이란 세상에서 사랑하면 이별하는 괴로움이 있으므로, 나는 이제 이러한 괴로움을 끊기 위하여 출가하여 도를 배우는 것이니, 나 때문에 항상 근심 걱정을 하지 마시오'라고 말을 전하며, 아울러 여러 친척들에게도 모두 역시 그와 같이 말하라."

차익은 이 말을 듣자 더욱더 슬퍼하였으나 차마 태자의 명령을 어기지 못하여 보배 관과 명주, 구슬과 장식 등을 받아 가지고 눈물을 흘리며 말하였다.

"제가 태자의 그와 같은 뜻과 소망을 들으니 온몸이 벌벌 떨립니다. 설령 마음이 나무나 돌과 같은 사람이라 할지라도 이 말씀을 들으면 슬퍼할 텐데, 하물며 나면서부터 태자를 받들어 모신 제가 이 맹세를 듣고 마음 아파하지 않겠습니까. 오직 원하오니, 태자께서는 이 뜻을 버리시고 부왕과 마하파사파제와 야쇼다라, 그리고 다른 친척들에게 큰 슬픔과 고통이 있지 않게 하옵소서. 이곳에서 다시 저를 버리지 마십시오. 저는 이제 태자의 발 아래 귀의하겠사오며, 끝내 서로 결별하는 모습은 보지 않겠습니다. 설령 궁중으로 돌아가더라도 왕은 반드시 저를 책망하실 터인데, 어떻게 태자를 두고 혼자 돌아가 무슨 말로 대왕께 대답을 올릴 수 있겠습니까?"

"너는 지금 그와 같은 말을 하지 말라. 세상이 모두 이별인데 어찌 언제나 함께 있겠는가? 나는 태어난 지 칠 일 만에 어머님이 돌아가셨다. 모자 사이에도 이와 같이 죽음과 삶의 이별이 있는데 하물며 다른 사람들끼리야. 너는 나에게 지나치게 그리움만을 내지 말고 칸타카와 함께 궁중으로 돌아가야 한다."

태자가 이렇게 다시금 명령하였으나 차익은 기어코 떠나가려 하지 않았다. 그 때 태자는 곧 날카로운 칼로 스스로 수염과 머리카락을 깎고 원을 세웠다.

"이제 수염과 머리카락을 깎았으니, 원컨대 일체의 번뇌와 익힌 습장(習障)50)을 끊어 없애 주소서."

그러자 제석천이 머리카락을 받아 떠나갔으며, 허공에서는 여러 하늘들이 향을 사르고 꽃비를 내리며 합창으로 찬탄하였다.

"훌륭하십니다. 장하십니다."

수염과 머리카락을 깎은 뒤에 태자가 스스로 제 몸에 걸쳐진 옷을 보니 칠보 옷이었다. '과거 모든 부처님들이 출가할 때 입으셨던 의복은 이와 같지 않으셨다.' 태자가 이렇게 생각할 때 정거천이 사냥꾼이 되어 태자의 앞에 나타났다. 사냥꾼이 몸에 가사를 입고 있는 것을 보자 태자는 크게 기뻐하였다.

"당신이 입고 있는 옷은 바로 고요하고 편안한 의복입니다. 옛날 모든 부처님들의 표식인데 어찌하여 이를 입고 죄를 짓는 행동을 하십니까?"

"내가 가사를 입은 것은 사슴들을 유인하기 위해서입니다. 사슴들이 이 가사를 보고 모두 가까이 오니 쉽게 잡아 죽일 수가 있습니다."

"만약 당신의 말과 같다면 이 가사를 입는 것은 다만 사슴들을 죽이려 하는 것뿐이요, 해탈을 구하려고 입은 것이 아닙니다. 지금 이 칠보 옷을 당신의 가사와 바꾸고 싶소. 나는 이 법의를 입고 일체중생을 거두고 구제하여 번뇌를 끊으려 합니다."

"좋습니다. 말씀대로 하겠습니다."

그러자 태자는 즉시 보배 옷을 벗어 사냥꾼에게 주고 자신은 가사를 입고는 과거 모든 부처님이 입으셨던 법에 의지하였다. 정거천은 다시 범천의 몸으로 바꾸어 허공에 올라가 그의 처소로 돌아갔는데, 공중에서 기이한 광명이 있자 차익은 이를 보고 마음으로 이상스러움을 느끼는 한편, 전에 없었던 일이기에 '이제 이 상서로운 감응이야말로 작은 일이 아니로구나' 하고 찬탄하였다. 차익은 태자가 수염과 머리카락을 깎아 없애고 몸에 법복을 입음을 보자 결정코 태자를 돌릴 수 없음을 알고는 땅에 엎드려 더욱더 괴로워하였다.

"너는 이제 마땅히 이러한 슬픔과 근심을 버리고 즉시 궁성으로 돌아가 자세히 나의 뜻을 말하도록 하라."

　이 말을 한 뒤 태자가 천천히 앞으로 걸어가자 차익은 흐느끼며 땅에 엎드려 예배하고 태자가 멀어질 때까지 바라보았다. 태자가 보이지 않게 되자 차익은 일어나 온몸을 떨면서 어쩔 줄 몰라 하다가 보배 관과 태자의 몸을 장식했던 모든 것들을 싣고 칸타카와 함께 슬피 울면서 돌아왔다.

고 행

　태자는 그대로 한참 동안 길을 가다가 발가선인이 살고 있는 곳에 이르렀다. 그 때 그 숲속에 있던 날짐승과 길짐승들은 모두 태자를 똑바로 보며 단정히 서서 눈도 깜빡거리지 않았으며, 발가선인은 멀리서 태자를 보고 '이 분은 어떠한 신이실까. 일천(日天)일까 월천(月天)일까 제석이실까'라고 생각하면서 곧 권속들과 함께 태자를 영접하며 깊은 공경과 존중심을 내어 말하였다.

"어서 오십시오. 어진 이시여."

　태자는 여러 신선들을 보자 마음과 뜻이 부드러워지고 위의가 차분하여지므로 곧 그들이 사는 곳으로 나아갔다. 그 신선들은 거룩한 빛이 차차 없어져 버렸는데 모두 다 같이 와서는 태자가 앉기를 청하였다.

태자가 앉고 나서 그 신선들의 행색을 자세히 살펴보자, 어떤 이는 풀로 옷을 삼았고, 어떤 이는 나무 껍질과 나뭇잎으로 옷을 만들어 입고 있었다. 오직 풀과 나무의 꽃과 열매만을 먹는 이가 있는가 하면, 어떤 이는 하루에 한 끼를 먹고, 나아가 이틀에 한 끼, 또는 사흘에 한 끼를 먹는 이도 있는 등 스스로 굶주리는 법을 행하고 있었다. 물과 불을 섬기는가 하면, 해와 달을 받들기도 하고, 다리 하나를 발돋움하여 서 있는가 하면, 티끌 있는 땅이나 가시나무 위에 누워 있기도 하고, 물과 불 옆에 누워 있기도 하였다. 태자는 이러한 고행을 보고 곧 발가선인에게 물었다.

"그대들께서는 지금 이러한 고행을 닦으시는데 훌륭합니다. 어떠한 과보를 구하려고 하십니까?"

그러자 선인이 대답하기를 "이런 고행을 닦아서 하늘에 나려고 합니다"라고 하였다.

태자는 또 물었다.

"여러 하늘이 비록 즐겁다 해도 복이 다하면 떨어져 육도(六道)[51]를 윤회하므로 이 모든 것은 결국 괴로움 덩어리인데, 당신들은 어째서 모든 괴로움의 원인을 닦아서 괴로움의 과보를 구하십니까?"

이와 함께 태자는 스스로 한탄하였다. '장사하는 사

람은 보배 때문에 바다에 들어가고, 왕은 국토를 위하여 군사를 일으켜 상대방을 치며, 이제 저 선인들은 하늘에 나기 위하여 이런 고행을 닦는구나.'

잠시 뒤에 발가선인이 태자에게 물었다.

"어진 이께서는 무슨 뜻으로 잠자코 계시며 말씀을 하지 않습니까? 저희들이 하는 일이 참되고 바른 것이 아닙니까?"

"그대들이 하는 행은 지극한 고행임에 틀림없지만, 그러나 구하는 과보가 결국 괴로움을 여의지는 못하리라."

태자와 선인들은 이런 의론을 장황히 펴다가 날이 저물었으므로, 태자는 거기에서 하룻밤을 묵었다. 다음날 아침이 되자 태자는 다시 생각하기를, '이 선인들은 비록 고행을 닦기는 하나 모두가 해탈하는 참되고 바른 도가 아니다. 이제 여기에 머무르지 말아야겠다' 하고 즉시 선인들과 작별을 하고 떠나려 했다. 그러자 그 선인들은 태자에게 아뢰었다.

"어진 이께서 여기에 오실 때 우리 모두가 기뻐하였습니다. 우리에게 거룩한 덕을 더욱 왕성하게 해 주셨는데 무엇 때문에 갑자기 떠나려 하십니까? 우리들이 위의에 누를 끼쳤습니까? 무슨 일 때문에 여기에 계시지 않습니까?"

이에 태자는 대답하였다.

"그대들이 손님을 접대하는 것에 잘못이 있어서가 아닙니다. 또 모자라는 바도 없습니다. 다만 내가 도를 배우는 것은 괴로움의 근본을 끊고자 함인데 그대들이 수행하는 바는 괴로움의 원인만을 더욱 크게 하는 것이기 때문입니다. 이런 인연 때문에 떠나는 것뿐입니다."

그러자 그 선인들은 함께 의논하였다.

"그가 닦는 바 도가 극히 넓고 크거늘 어찌 우리들이 만류할 수 있겠는가?"

그 때에 점성을 잘 아는 한 선인이 "지금 이 어진 이야말로 모든 상호가 완전히 갖추어졌으니 반드시 일체 종지를 얻어 하늘과 사람들의 스승이 될 것입니다"라고 대중들에게 말하고 즉시 태자에게 가서 이렇게 말하였다.

"서로 닦는 도가 달라 감히 만류하지 못하겠습니다만 만약 떠나시려면 북쪽을 향해 가십시오, 거기에는 아라라와 가란[52]이라는 대선인이 계십니다. 어진 이께서는 가서서 그들과 논의를 하십시오. 그러나 제가 어진 이를 자세히 살피건대 역시 그 곳에서도 머무르지 않으실 것입니다."

이에 태자는 즉시 북쪽으로 떠났다. 그 선인들은 태자가 떠나는 것을 보고 괴로웠으나 합장하여 전송하였고, 태자가 아주 멀어져 보이지 않게 된 뒤에 비로소 돌아왔다.

궁성의 슬픔

한편, 태자가 궁중을 떠난 뒤에 날이 밝자 야쇼다라와 여러 시녀들은 잠에서 깨어났는데 태자가 보이지 않았다. 슬피 통곡하며 울다가 곧 마하파사파제에게 가서 여쭈었다.

"오늘 아침 갑자기 태자가 어디에 계신지를 모르겠습니다."

마하파사파제는 이 말을 듣고 기절하여 땅에 쓰러지고 뒤이어 이 사실을 알게 된 왕은 우두커니 서 있다가 정신을 잃었다. 마치 온몸이 죽어버린 것과 같았으며, 온 궁중 안팎이 역시 그와 같았다.

신하들은 곧 들어가서 태자가 살던 곳을 살폈고 궁성을 순찰했는데, 그 때 성의 북쪽 문이 이미 열려 있음을 보았다. 또 차익과 칸타카가 보이지 않았으므로 바로 문지기에게 물었다.

"누가 이 문을 열었느냐?"

그러나 서로 알아보아도 모두가 모르겠다고 하였다. 또다시 방위하던 사람들에게 물어도 역시 이 문이 열린 까닭을 모르겠다고 하였다.

"북쪽 문이 열려 있으니 태자는 반드시 이 곳으로 나갔으리라. 빨리 태자가 계신 데를 찾아야겠구나."

신하들은 바로 만 명의 기사에게 명을 내려 잇달아 사방으로 나가 태자를 찾게 하였으나 기사들은 하늘의 힘 때문에 길을 잃어버리고 태자가 간 곳을 몰랐으므로 다시 돌아와 대왕에게 아뢰기를 "태자를 찾아보았으나 계신 데를 모르겠습니다"라고 하였다.

그 때 차익은 칸타카에 장식물을 싣고 슬피 울며 목이 메어 길을 따라 돌아오는데 온 마을의 백성들이 이를 보고 놀라며 괴로워하지 않는 이가 없었으며, 모두 다투어 차익에게 물었다.

"너는 태자를 어느 곳에 두고 이제 칸타카만 끌고 혼자 돌아오느냐?"

차익은 여러 사람들의 이런 질문을 받고 더욱더 슬퍼하면서 대답을 못하였다. 비록 칸타카의 안장은 칠보로 장엄되어 있었으나 태자가 보이지 않으므로 마치 죽은 사람을 꽃과 비단으로 꾸며 놓은 것과 같았다. 차익은 궁성으로 들어가고 칸타카는 슬피 울었는데 여러 마구의 다른 말들도 한꺼번에 슬피 울었다.

여러 관속들이 마하파사파제와 야쇼다라에게 "차익이 혼자 칸타카를 데리고 돌아왔습니다"라고 아뢰자, 마하파사파제는 땅에 쓰러졌다.

"이제 차익이 칸타카를 데리고 돌아왔다는 것만 들릴 뿐 태자가 돌아왔다는 소리는 들리지 않는구나."

마하파사파제는 또 이렇게 말하였다.

"내가 태자를 길러 어느덧 나이가 장대하였는데 하루 아침에 나를 버리니 있는 곳도 모르겠구나. 마치 과일 나무에 꽃이 피어 열매가 맺혔다가 익으려 할 때 땅에 떨어져 버리는 것과 같으며, 또 굶주린 사람이 여러 가지 맛있는 음식을 맞이해 먹으려 할 때 갑자기 엎어져 버린 것과 같구나."

야쇼다라도 스스로 말하였다.

"나와 태자는 생활하면서 서로를 멀리하지 않았는데 이제 나를 버리고 간 곳조차 모르겠구나. 옛날에 여러 왕들은 산에 들어가 도를 닦아도 모두 처자를 데리고 가 잠시도 버리지 않았다. 세간의 사람들은 한 번 만나 알았다가 이별하여도 서로 잊어버리지 않는데, 부부간의 정은 은애와 사랑이 더욱 깊은 것이거늘 어찌하여 이렇듯 야박하실까."

야쇼다라는 차익을 힐난하였다.

"차라리 지혜로운 이들과 원수를 맺을지언정 어리석은 사람과는 친할 것이 못 되는구나. 그대는 어리석구나. 태자를 전송해서 어디에 두고 이 석가 종족이 다시는 흥성하지 못하게 하는가?"

그녀는 다시 칸타카를 책망하였다.

"너는 태자를 태우고 이 왕궁을 나갈 때는 조용히 소리조차 내지 않다가 이제 빈 채로 돌아와 무슨 뜻으로 슬피 우느냐?"

그러자 차익은 곧 대답하였다.

"저와 칸타카만을 책망하지 마십시오. 이는 바로 하늘의 힘이었지 사람으로서 하는 일이 아닙니다. 그 날 저녁에 부인과 시녀들은 모두 다 곤히 잠이 들었는데 태자께서 제게 명령하시어 말을 준비하게 하셨습니다. 저는 그 때 부인과 시녀들을 깨우려고 아주 큰소리로 태자에게 간하면서 칸타카를 준비하였지만 도무지 깨어나는 이가 없었습니다. 성문이 열릴 때면 으레 그 소리가 사십 리 밖에까지 들리는데도 그 때만은 문이 저절로 열리고 또 소리 하나 없었습니다.

이와 같은 일이 어찌 하늘의 힘이 아니겠습니까. 성을 나갈 때 하늘의 여러 신들이 손으로 말의 발을 받치고 저를 붙들었으며, 허공의 하늘들이 따라 모신 이가 수없었는데, 제가 어떻게 중지시킬 수가 있었겠나이까.

그 때에 날이 밝을 때까지 3요자나를 갔으며, 저 발가선인이 사는 데에 이르러서 또 여러 가지 기특하고 이상한 일이 있었습니다. 원컨대 제 말을 들어 주십시오. 태자께서 발가선인이 고행하는 숲속에 이르시자 말에서 내리신 다음 손으로 말 등을 어루만지며 아울러 제게 궁성으로 돌아가라고 명령하셨습니다. 저는 태자를 따라 모시며 영원히 돌아올 뜻이 없었는데도 태자는 끝끝내 머물기를 허락하지 않으셨습니다.

더구나 제게 다가오셔서 칠보의 칼로 스스로 부르짖

기를, '과거의 모든 부처님께서 최상의 깨달음을 성취하기 위하여 장식한 것을 버리고 수염과 머리카락을 깎으셨으니 나도 이제 모든 부처님의 법에 의지하리라' 이렇게 말씀을 하시더니 곧 보배 관과 명주를 벗어서 모두 제게 맡기시며 왕의 발 아래 놓아두라 하셨고, 또 영락을 마하파사파제에게 드리라고 하셨습니다.

비록 그런 명령을 들었지만 저는 오히려 좌우에서 모시면서 결코 돌아오려는 뜻이 없었습니다. 그 때 태자께서 문득 날카로운 칼로 스스로 수염과 머리카락을 깎으셨는데 천신이 공중에서 와서 이를 받아 가지고 떠나갔습니다.

태자께서는 또 곧장 앞으로 가시다가 사냥꾼을 만나 입고 계시던 아름다운 칠보 옷을 사냥꾼에게 주시고 가사와 바꾸셨는데, 이 때 허공에서는 큰 광명이 있었습니다. 저는 태자의 형상과 의복이 변하셨음을 보고는 그의 뜻을 결코 돌릴 수 없음을 깊이 알고 곧 기절할 듯한 마음으로 크게 괴로워하였습니다.

태자께서 가시다가 발가선인이 사는 곳에 이르러서야 저는 거기에서 작별하고 돌아왔습니다. 이 여러 가지 기묘한 것이 모두 하늘의 힘이요 사람의 힘은 아니었습니다. 원컨대 저와 칸타카를 책망하지 마십시오."

마하파사파제와 야쇼다라는 차익의 말을 듣고 나서 마음으로 조금은 깨닫는 바가 있어 잠자코 있었다. 그 때 백정왕은 기절하였다가 비로소 깨어나서 차익을 불렀다.

"너는 어째서 여러 석가 종족들에게 큰 괴로움을 안기게 하였느냐. 나는 엄한 금제령을 두어서 안팎의 관속들에게 칙명하며 태자를 수호하게 하면서 그의 출가를 염려하라 하였는데, 너는 또 무슨 뜻에서 즉시 칸타카를 준비하여 태자에게 주며 몰래 떠나 버리게 하였느냐?"

차익은 크게 두려워하면서 왕에게 여쭈었다.

"태자께서 성문 밖을 나가신 것은 실로 저의 허물이 아닙니다. 오직 원하오니 저의 자세한 말을 들어주옵소서."

그는 곧 보배 관과 상투 속의 명주를 왕의 발 아래에 놓았다.

"태자는 제게 이 관과 구슬을 왕의 발 아래 놓게 하고, 칠보 영락은 마하파사파제에게, 나머지 장식물은 야쇼다라에게 드리도록 하셨습니다."

왕은 여러 물건들을 보자 더욱더 슬퍼하였다.

"비록 나무와 돌이라 하더라도 느낌이 있거늘 하물며 부자간의 은애와 사랑의 깊음이랴."

차익은 앞의 일들을 자세히 왕에게 아뢰었다.

"태자께서 제게 명하시기를, 부왕께서 '본래 아들을 둘 것을 약속한다면 출가를 허락한다 하였거늘 아직 아들을 두지 못하였는데 어찌하여 떠나갔느냐?'라고 하시면 떠나려 할 때에 미처 여쭙지 못한 것을 그대가 나를 위해 자세히 부왕에게 대답하되, '야쇼다라는 오래 전에 이미 임신하였으니 대왕께서 직접 물어보심이 마땅합니다. 옛날 칙명하신 대로 그렇게 하였으며 제 멋대로 한 것은 아닙니다' 하라 하였나이다."

왕은 이 말을 듣고 곧 야쇼다라에게 물었다.

"네가 오래 전에 이미 임신하였다는데 사실인가?"

야쇼다라는 대답하여 아뢰었다.

"대왕께서 이 궁전에 오셨을 때에 태자가 저를 손가락으로 가리키시자 바로 임신하게 된 것을 깨달았습니다."

왕은 그 말을 듣고 기특한 마음을 내며 근심과 괴로움을 잠시나마 쉬었다.

'내가 전에 아들이 있게 되면 출가를 허락하겠다고 한 것은 칠 일 동안에 결코 아들이 있을 리가 없고, 따라서 저절로 전륜왕의 왕위에 오르게 하기 위해서인데, 칠 일 안에 홀연히 임신하리라고는 생각하지 못하였다.

깊이 자신의 허물이 애처롭구나. 지혜가 얕고 짧으니 그런 방편으로는 그를 머무르게 할 수 없는데도 경솔하게 그런 약속을 하여 더욱더 뉘우쳐지기만 하는구나. 태자의 신 같은 지략이야말로 뭇사람들의 뜻보다 뛰어났으며 오늘의 일은 또한 여러 하늘의 힘까지 겹쳐진

것인데, 이제 차익만을 책망해서는 안 되겠구나.'

왕은 다시 생각하였다.

'태자의 출가는 결코 되돌릴 수도 없거니와 설사 다른 방편을 쓴다 하더라도 역시 만류할 길은 없다. 비록 나라를 버리고 출가하여 도를 배우기는 하되, 그러나 이미 아들을 두었으니 후사는 끊어지지 않았다. 이제 야쇼다라에게 말하여 배 안에 있는 아들을 잘 보호하도록 하여야겠다.'

백정왕은 원래 사랑스런 생각과 정이 깊은 사람이었다. 그는 차익에게 말하였다.

"나는 이제 태자를 찾아 나가야겠다. 지금쯤 어디에 있는지 모르겠는가? 그가 이미 나를 버리고 도를 배우는데 내가 어찌 혼자 생활하겠느냐. 곧 뒤쫓아가 그를 따르겠다."

신하들은 왕이 태자를 찾아 나서려 한다는 것을 듣고 왕에게 요청하였다.

"대왕께서는 스스로 근심하거나 괴로워하지 마셔야 합니다. 제가 태자의 모습을 자세히 살펴보건대 과거의 세상 동안에 이미 오래 전부터 업을 닦고 익혔습니다. 설사 제석천이 되라고 해도 즐겨하지 않겠거늘 하물며 전륜왕의 왕위이겠습니까? 대왕께서는 기억나지 않습니까? 태자께서 처음 탄생하여 일곱 걸음을 걸어간 후 손을 들고 서서 말씀하기를 '나의 생은 이미 다하여 이제 마지막 몸이로다'고 하셨으며, 여러 범천왕과 제석천이 모두 내려와서 따랐습니다. 이와 같이 기특하셨거늘 어찌하여 세상을 즐기겠습니까?"

"아시타 선인이 옛날에 태자의 관상을 보면서 나이 열아홉이 되면 출가하여 도를 배우며 반드시 일체종지를 성취하리라 하였습니다. 대왕께서는 무엇 때문에 근심하고 괴로워하십니까? 또 대왕께서는 엄히 안팎에 칙명을 내리시어 태자를 수호하시고 출가할 것을 두려워하셨지만 여러 천신이 와서 인도하여 성을 나가시게 하였으니, 이와 같은 일이야말로 사람의 힘은 아닙니다. 오직 원컨대 대왕은 기쁨을 내셔야 하고 수심과 괴로움은 품지 마소서. 그리고 몸소 나가실 필요도 없습니다. 만약 태자를 생각하며 오히려 막지 않으시겠다면 제가 대신 신하들과 함께 계신 데를 찾아보겠습니다."

왕은 이 말을 듣고 마음으로 생각하기를, '나도 태자의 마음을 돌릴 수 없음은 알고 있다. 그러나 차마 버릴 수는 없구나. 그렇더라도 지금 당장 그를 따를 수는 없는 일이니, 이제 시험 삼아 스승과 대신에게 한 번 찾아보도록은 해야겠다' 하고 곧 스승과 대신에게 대답하였다.

"장하십니다. 떠나보도록 하시오. 온 궁중 사람들이 모두 괴로워하면서 기다리고 있을 테니 속히 돌아오시오."

이에 대신들은 즉시 작별한 후 태자를 찾으러 떠났다.

과거현재인과경
제3권

태자의 결심

왕은 신하들을 보내고 난 후 곧 태자의 영락을 마하파사파제에게 주었다.

"이것이 바로 태자가 걸었던 영락인데, 당신에게 주라고 차익에게 맡겼던 것이오."

마하파사파제는 영락을 보고 "사천하의 인민들이 아주 박복하구나. 이 밝고 지혜로운 전륜왕을 잃었으니 말이다"라며 더욱더 슬퍼하였다.

왕은 또 나머지 장식품들을 야쇼다라에게 주었다.

"태자는 지녔던 장식품을 너에게 주도록 하였단다."

야쇼다라는 이 장식품을 보자마자 기절하여 혼수 상태에 빠졌다. 왕은 야쇼다라에게 사람을 보내어 명하기를, 스스로 아끼고 공경하여 태 안의 아이가 편안하지 못한 일이 없게 하였다.

한편 신하들은 발가선인이 고행하는 숲 속에 이르자 시종하던 사람들을 물리치는 한편 여러 장식들을 제거하고는 곧 선인이 살고 있는 곳으로 나아갔다. 선인이 앉기를 청하므로 서로 문안하고 나서 대신은 선인에게 말하였다.

　"저는 바로 왕의 신하입니다. 왕의 수족인 태자께서 나고 늙고 병들고 죽는 고통을 싫어하여 출가하여 도를 배우러 이 숲을 지나갔을 터인데, 선인께서는 못 보셨습니까?"

　그러자 발가선인은 왕사에게 대답하였다.

　"근래 여기에서 한 동자를 보았는데 얼굴 모습이 단정하고 상호가 완전히 갖추어져 있었습니다. 이 숲에 들어왔기에 나와 함께 의론을 하면서 하룻밤을 묵었는데, 바로 그 분이 왕의 태자인 줄은 몰랐습니다. 우리들이 닦는 도가 비천하다 하여 여기서 북쪽으로 갔는데 그곳의 선인인 아라라 가란에게 갔을 것입니다."

　신하들은 이 말을 듣고 즉시 그 선인의 처소를 향해 떠났다. 도중에 태자가 나무 아래에 단정히 앉아 명상하고 있음을 멀리서 보았는데, 상호의 광명이 해와 달보다 뛰어났다. 곧 말에서 내려 시종들을 물리치고 모든 의식의 복장을 벗어 버리고 태자에게 나아가 한쪽에 앉아 문안을 여쭙고 나서 태자에게 아뢰었다.

　"대왕께서 태자를 찾게 되면 꼭 이 말씀을 전하라고

했습니다."

"부왕께서 당신을 보내시어 무슨 말씀을 하라 하셨습니까?"

"대왕은 오랫동안 태자께서 출가의 뜻이 깊다는 것도 또 뜻을 돌리기 어렵다는 것도 알고 계셨습니다. 그러나 태자에 대한 은혜와 애정이 깊어서 근심 걱정의 불이 언제나 훨훨 타오르고 있는 듯 하신데 태자께서 돌아오셔야만 그것이 꺼질 것입니다. 원컨대 곧 수레를 돌려서 궁성으로 돌아가십시오. 비록 해야 할 것이 있다 하더라도 태자께서 도의 일을 완전히 버리지 않으시면 될 것입니다. 마음을 고요하게 하는 곳이 반드시 산이나 숲만은 아닙니다. 마하파사파제와 야쇼다라며 안팎의 권속들이 모두 근심과 괴로움의 큰 바다에 떨어져 있으니 태자께서는 돌아가시어 그들을 구제하십시오."

태자는 깊고 묵직한 소리로 대신에게 대답하였다.

"부왕께서 저에 대한 은정이 깊은 줄을 어찌 모르겠습니까? 다만 나고 늙고 병들고 죽는 괴로움이 두려워 그것을 끊어 없애기 위하여 여기에 왔습니다. 만약 마치는 날까지 은혜와 사랑으로 만나고 모이며, 또한 나고 늙고 병들고 죽는 것이 없다면 무엇 때문에 여기까지 왔겠습니까? 제가 이제 부왕을 어기고 멀리한 까닭은 장래에 화합을 하기 위해서입니다. 부왕의 근심 걱정하는 큰 불이 지금은 비록 훨훨 탄다 하더라도 저와

과거현재인과경

부왕은 오직 금생에 있는 이 한 고통만으로 맺어져 있으며, 또 살면서 도를 닦게 한다면 마치 칠보로 된 집 안에 불꽃이 가득함과 같거늘, 어떤 사람이 그 집에 머무를 수 있겠습니까? 또한 독이 섞인 밥과 같아서 설령 굶주린 사람이 있다 해도 마침내 먹지 않을 것입니다.

저는 이미 나라를 버리고 출가하여 도를 닦고 있거늘 어떻게 저에게 다시 궁성으로 돌아가서 도를 배우고 닦으라 하십니까?

세간 사람들은 큰 고통 속에 있으면서도 조그마한 즐거움에 빠져 잠시도 그 고통을 벗어나지 못하는데 하물며 저는 조용하고 모든 근심 고통이 없는 곳에서 어찌 이를 능히 버리고 다시 나쁜 곳으로 나아가겠습니까? 옛날의 여러 왕들은 산에 들어가서 도를 닦다가 도중에 돌아가 애욕을 받은 일은 없었습니다. 부왕께서 만약 반드시 저를 돌아오게 하신다면 이는 곧 선왕들의 법을 어기는 것이 됩니다."

그러자 대신은 태자에게 여쭈었다.

"태자께서 지금 하신 말씀은 진실로 옳습니다. 그러나 여러 선인과 성인들 중 한 분이 말하기를 '미래에는 결정코 과보가 있다'고 하였고, 또 한 분은 말하기를 '결정코 없다'고 하였습니다. 성인들도 미래 세상에서 반드시 있다 없다 함을 알지 못하셨는데 태자께서는 어찌하여 현재의 안락을 버리고 미래의 정해져 있지 않은 과보를 구하려 하십니까? 나고 죽는 과보는커녕 오히려 결정코 있느냐 없느냐조차도 알 수 없거늘 어떻게 해탈의 과보를 구하려 합니까? 오직 원컨대 태자께서는 곧 궁중으로 돌아가야 합니다."

"저 두 성인이 미래의 과보를 설명하면서 한 분은 '있다' 하고 한 분은 '없다' 한 것은 모두 의심을 하는 것이지 결정적인 설명이 아닙니다. 또 저는 이제 그들의 가르침을 닦거나 따르지 않을 것이므로 이것으로 힐난하지 마셔야 합니다. 저는 지금 과보를 바라 여기에 온 것이 아닙니다. 눈으로 보는 나고 늙고 병들고 죽는 과정은 반드시 겪어야 하는 것이므로 저는 오로지 해탈을 구하여 괴로움을 벗어나기 위해서일 뿐입니다. 당신은 머지 않아 내가 도를 이루는 것을 보게 될 것이며, 나의 이 뜻과 소원은 결정코 돌릴 수 없습니다. 돌아가서 부왕에게 여쭙되 이와 똑같이 말씀하여 주십시오."

태자는 이 말을 마치자 곧 자리에서 일어나 신하들과 작별하고 북쪽 아라라와 가란 선인의 처소로 갔다. 신하는 태자가 떠나감을 보고 슬피 울며 괴로워하였다. 무엇보다 태자와 정이 깊었음을 생각하였음이요, 그 다음에는 왕을 받드는 신하로서 명을 받고 태자의 처소에까지 왔으면서도 그의 뜻을 움직이지 못하였기 때문이다. 그냥 돌아갈 수가 없었으므로 대신들은 이리저리 거닐면서 함께 의논하였다.

과거현재인과경

"왕의 사자가 되어 효력도 없이 이제 그냥 돌아가게 되었으니 어떻게 대답을 올리겠소. 그러니 다섯 사람을 여기에 있도록 해야겠습니다. 이들은 총명하고 슬기로우며, 마음과 뜻이 부드럽고, 성품됨이 성실하고 정직하며 출신도 반듯한 이들이니, 은밀히 엿보고 살피며 태자를 보살피게 하십시다."

이렇게 의논하고 곁을 돌아보며 교진여 등 다섯 사람에게 "너희들은 여기에 머무를 수 있겠느냐?" 하고 묻자 다섯 사람은 "좋습니다. 명령대로 하겠습니다. 태자의 행동을 은밀히 엿보며 살피겠습니다"라고 대답하였다.

그들은 곧 작별하고 다섯 사람은 태자의 처소에 남았다. 그리고 신하들은 궁성으로 돌아왔다.

빔비사라왕, 태자를 만나다

한편 태자는 저 아라라와 가란 선인이 살고 있는 곳으로 나아가다가 항하(恒河)를 건너 사위성을 지나는 도중에 성에 들어갔다. 모든 백성들이 태자의 얼굴 모습과 상호가 특수함을 보고 기뻐하며 공경하였다.

성 안에서는 태자를 뵙기 위해 떠들썩하였다. 이에 빔비사라왕이 듣고 놀라며 물었다.

"이것이 무슨 소리들이냐?"

신하들이 대답하였다.

"백정왕의 태자 살바 싯달타 때문입니다. 예전에 여러 점성가들이 예언하기를 그가 전륜왕위에 올라 온 천하를 다스릴 것이며, 만약 그가 출가한다면 반드시 일체종지를 성취하리라고 하였습니다. 그가 지금 이 성에 들어왔으므로 성 밖의 여러 백성들이 다투어 달려가서 구경을 하고 있습니다. 그 때문에 떠들썩한 것입니다."

빔비사라왕은 이 말을 듣고 크게 기뻐하며 즉시 칙명을 내려 태자가 있는 곳을 살피게 하였다. 사자는 명을 받고 태자를 찾던 중, 태자가 반다바(般茶婆) 산의 한 반석 위에 단정히 앉아 명상하고 있음을 보고 곧 돌아와서 대왕에게 자세히 아뢰었다. 왕은 곧 수레를 차려 여러 신하와 백성들과 함께 태자의 처소에 나아갔다. 반다바 산에 이르러 멀리서 태자를 보니 상호의 광명이 해와 달보다 뛰어난지라 왕은 말에서 내려 몸의 장식과 여러 시종들을 거두고 나아가 앉아 태자에게 문안하였다.

"사대가 모두 고르고 온화하십니까? 제가 태자를 보니 마음이 매우 기쁩니다만 그러나 한 가지 슬픔이 있습니다. 태자는 본래 해의 종족으로서 이는 오랜 세상을 서로 이으면서 전륜왕이 되었던 종족입니다. 또 지금 태자는 전륜왕의 상호를 모두 완전히 갖추고 계시거늘 어찌하여 왕위를 버리시고 깊은 산에 들어가 모래와 흙을 밟으며 멀리 여기까지 오셨습니까? 제가 이것을 보니 슬픕니다. 태자의 부왕께서 지금 살아 계시기 때문에 전륜왕의 자리를 누리려 하지 않으신다면 저의 나라를 반씩 나누어 다스립시다. 만약 적다고 생각되시면 저는 나라를 다 버리고 신하로서 태자를 섬기겠습니다. 만약 또 저의 이 나라도 갖지 않으시겠다면 네 가지 군사를 드릴 터이니 몸소 다른 나라를 쳐서 가지십시오. 태자께서 하시고 싶은 것이라면 어기지 않겠습니다."

태자는 빔비사라왕의 말을 듣고 그의 뜻에 깊이 감동하여 곧 왕에게 대답하였다.

"왕의 종족은 본래 밝은 달이신지라 성품이 자연히 높고 시원하며 비루한 일을 하지 않고 하는 일들은 맑고 훌륭하지 않음이 없으신데, 지금 하시는 말씀만은 옳지 못합니다.

그러나 나는 왕의 그 뜻이 지극히 간절함을 더욱더 잘 알겠습니다. 왕은 이제 곧 몸과 목숨과 재물에 대한 세 가지 굳건한 법〔三堅法〕[53]을 닦으셔야 하며, 또한 굳건하지 못한 법은 다른 사람에게 권장하지 마셔야 합니다.

나는 이제 전륜왕의 자리를 버렸거늘 또한 무슨 일로 왕의 나라를 가져야 하겠습니까? 왕께서 어진 마음으로 나라를 나에게 주겠다는 것도 마다하는데 무엇 때문에 군사로써 남의 나라를 쳐서 가지겠습니까? 내가 이제 부모를 작별하여 수염과 머리카락을 깎고 나라를 버리게 된 까닭은 나고 늙고 병들고 죽는 괴로움을 끊기 위해서지 오욕의 즐거움을 구하기 위해서가 아닙니다. 세간의 오욕은 큰 불더미와 같아서 모든 중생들을 불사르며 스스로 뛰어나올 수 없게 하거늘 어찌 나에게 탐내고 집착하기를 권하십니까?

내가 이제 여기까지 온 까닭은 두 선인인 아라라와 가란, 바로 해탈을 구하는 최상의 도사를 뵙고자 함이요 그 곳에 나아가 해탈의 도를 구하려 한 것이니 여기에 오래 머물지 않겠습니다.

왕께서 처음에 기쁜 마음으로 나에게 말씀해 주신 것을 마다했으나 싫어하거나 원망하지 마십시오. 왕은 이제 바른 법으로 나라를 다스릴 것이며 백성들을 그릇되게 하지 마십시오."

이렇게 말하고 태자는 즉시 일어나서 왕과 작별하였다.

빔비사라왕은 태자가 떠나려 함을 보고 크게 실망하여 탄식하며 합장하고 눈물을 흘렸다.

"처음 태자를 보자 마음이 크게 감동하더니, 태자가 떠나니 슬픔과 괴로움이 배로 더 생깁니다. 이제 큰 해탈을 위하여 떠나가시겠다니 감히 만류하지는 않겠습니다. 오직 원컨대 태자께서는 기대하신 바를 빨리 이루십시오. 만약 도가 이루어지시면 먼저 저를 제도하여 주십시오."

태자는 이에 작별하고 떠나갔다. 왕은 태자를 받들어 보내며 태자가 길에서 보일 때까지 바라보다가 보이지 않게 되자 비로소 돌아왔다.

두 선인(仙人)을 만나다

태자는 곧 나아가 아라라 선인의 처소에 이르렀는데, 여러 하늘들은 이미 선인에게 이렇게 말해 둔 터였다.

"싯달타께서 나라를 버리고 부모를 이별한 뒤 위없는 바르고 참된 도를 구하여 일체중생들의 괴로움을 제도 하려고 이제 이 곳에 도착하실 것입니다."

선인은 그 말을 듣고 크게 기뻐하던 중, 얼마 안 되어 멀리서 태자가 보이므로 곧 나가서 받들어 영접하며 찬탄하기를, "잘 오셨습니다" 하고 자신의 처소로 돌아 와서 태자를 청하여 앉게 하였다.

선인이 태자의 얼굴 모습을 보니 상호가 완전히 갖추어졌으며 모든 감관이 편하고 조용하였으므로 깊은 애정과 공경심을 내면서 태자에게 물었다.

"길을 가시느라 고달프지는 않으십니까? 태자께서 처음 탄생하심과 출가한 후, 또 여기까지 오시게 됨을 나는 모두 알고 있습니다. 불더미에서 몸소 깨쳐 나오셨고 또 큰 덫에서 스스로 벗어남과 같습니다. 옛날 여러 왕들은 한창일 때에는 오욕을 마음껏 누리다가 감관이 늙어짐에 이른 후에야 곧 나라와 즐거움의 도구를 버리고 출가하여 도를 배웠으니 이는 기특한 일이 못 되었습니다. 그러나 태자께서는 이제 이렇게 한창인 나이에 오욕을 능히 버리고 멀리 여기까지 오셨으니 참으로 훌륭하십니다. 부지런히 힘써 나아가시어 속히 피안을 건너셔야 합니다."

태자는 듣고 대답하였다.

"당신의 말씀을 들으니 매우 기쁩니다. 당신이 저를 위하여 나고 늙고 병들고 죽음을 끊는 법을 말씀하시면 지금 즐거이 듣겠습니다."

그러자 선인은 곧 설명하였다.

"중생들의 시초는 명초(冥初)[54]에서 시작되었으며, 명초로부터 아만(我慢)[55]이 일어나고, 아만으로부터 어리석은 마음이 나며, 어리석은 마음으로부터 염애(染愛)가 일어나고, 염애로부터 다섯 가지 미세한 티끌의 기운〔五微塵氣〕[56]이 나며, 오대(五大)[57]로부터 탐냄과 성냄 등의 모든 번뇌가 일어나, 나고 늙고 병들고 죽음을 헤매면서 근심하고 슬퍼하고 괴로워합니다. 이제 태자를 위하여 간략히 말하였을 뿐입니다."

설명을 듣자 태자는 곧 물었다.

"저는 이미 당신이 말씀하신 나고 죽는 근본은 알고 있습니다. 다시 어떠한 방편으로 끊을 수 있습니까?"

선인은 다시 대답하였다.

"만약 나고 죽는 근본을 끊으려 하면 먼저 집을 떠나 계행을 닦고 자신을 겸손하게 낮추어서 인욕하며 한적한 곳에 머물면서 선정을 닦아 익히되, 욕계의 악과 선하지 못함을 여의고 각(覺)58)도 있고 관(觀)59)도 있는 초선(初禪)을 얻어야 합니다. 다음 각관(覺觀)이 사라지고 정(定)이 생기고 기쁜 마음(喜心)에 드는 것이 제2선(禪)이 되며, 기쁜 마음을 버리고 바른 생각이 되고 즐거움의 근원(樂根)60)을 갖추는 것이 제3선이 됩니다. 다시 괴로움과 즐거움을 버리고 깨끗한 생각(念)61)을 가지며 버림(捨)62)의 근원에 드는 것이 제4선이 되어 생각이 없는 과보(無想報)63)를 얻는 것입니다.

어떤 스승은 이를 해탈이라 하는데 선정으로부터 깨어난 것은 해탈의 자리가 아닌 줄 압니다. 형상(色)의 집착을 떠나서 '공한 곳(空處)'64)에 들어 대상이 존재한다는 생각마저 사라져 알음알이의 의식(識)에 들며, 한량없는 의식이란 생각이 사라지고 오직 한 의식만을 자세히 살펴 그것마저 없는 곳(無所有處)에 들며, 갖가지의 생각(想)을 떠나서, 생각 아님도, 생각 아님도 아닌 곳(非想非非想處)에 드는 것, 이곳을 마지막의 해탈(究竟解脫)이라 하니, 이것이 모든 배우는 이들의 저

언덕[彼岸]입니다. 태자께서 만약 나고 늙고 병들고 죽는 근심을 끊고자 하면 마땅히 이와 같은 행을 닦아야 합니다."

태자는 선인의 말을 듣고도 마음이 기쁘거나 즐겁지 않았다. '그가 아는 바는 구경처(究竟處, 필경에 이르는 곳)가 아니며 영원히 모든 번뇌를 끊는 것이 아니다.' 태자는 즉시 선인에게 물었다.

"지금 당신이 말씀하신 법 가운데에서 아직 이해하지 못한 것이 있습니다. 여쭈어 보아도 되겠습니까?"

"공경하는 마음으로 받아들이겠습니다."

"생각 아님도, 생각 아님도 아닌 곳에는, '내'가 있습니까? '내'가 없습니까? 만약 '내'가 없다고 하면 생각 아님도 생각 아님도 아니라고 말씀해서는 안 되며, 만약 '내'가 있다고 하면 '나'에게는 앎이 있습니까? 앎이 없습니까? 나에게 앎이 없다고 하면 곧 나무와 돌과 같을 것이요, '나'에게 만약 앎이 있다고 하면 곧 반연(攀緣, 얽매임)함이 있을 것입니다. 이미 반연이 있으면 물듦과 집착이 있으며 물듦과 집착이 있으면 해탈이 아닙니다.

당신은 거친 번뇌는 다하였으나 미세한 번뇌는 아직 존재함을 스스로 모릅니다. 그 때문에 마지막 구경(究竟)이라 생각하나 미세한 번뇌는 더욱 자라나서 다시 태어남을 받습니다. 이 때문에 저 언덕을 건넌 것이 아닌 줄 아십시오. 만약 '나'와 '나'라는 생각을 없애 온갖 것을 다 버리면 이것이 곧 참 해탈이라 하는 것입니다."

선인은 침묵한 채 '태자의 말하는 바가 매우 미묘하구나'라고 생각하였다. 태자는 다시 선인에게 물었다.

"당신은 몇 살에 출가하셨으며 청정한 행을 닦아 온 지 몇 년이나 되십니까?"

"나는 나이 열여섯 살에 출가하였고 청정한 행을 닦아 온 지는 104년입니다."

태자는 이 말을 듣고 나서 생각하기를 '출가한 지 저렇게 오래되었건만 얻게 된 법은 바로 이렇구나' 하고, 뛰어난 법을 구하기 위하여 곧 자리에서 일어나 선인과 작별을 하였다. 그러자 선인은 태자에게 물었다.

"나는 오래 전부터 이런 고행을 닦아도 얻게 된 결과가 바로 이와 같은데 당신은 왕의 가문으로서 어떻게 고행을 닦을 수 있겠습니까?"

태자가 대답하였다.

"당신이 닦으신 것과 같은 것은 고행이 되지 않습니다. 따로 가장 괴롭고 행하기 어려운 도가 있습니다."

선인은 이미 태자의 지혜로움을 보고, 또 뜻이 굳건해서 흔들리지 않음을 자세히 살피고는 틀림없이 일체 종지를 이룰 것을 알고 태자에게 말했다.

"당신이 만약 도를 이루면 원컨대 먼저 나를 제도하

여 주십시오."

이에 태자는 "그렇게 하십시다"라고 대답하였다.

태자는 다음에 가란이 살고 있는 곳에 가서 논의하고 문답을 나누었으나 역시 이와 같았으므로 곧 길을 떠나 갔다.

두 선인은 태자가 떠나감을 보고 각자 생각하기를 '태자의 지혜야말로 깊고 미묘하며 기특한지라 이에 헤아리기가 어렵구나' 하고 합장하고 보내면서 그 모습이 보이지 않자 곧 돌아왔다.

6년의 고행

태자는 아라라와 가란 두 선인을 조복한 뒤에 곧 가사산의 고행하는 숲으로 갔다. 이는 교진여를 비롯한 다섯 사람이 머무르고 있던 곳이었다. 곧 니련선하 강가에서 고요히 앉아 생각하되 '중생들의 근기를 자세히 살펴보니 6년의 고행을 하여야 그들을 제도하겠구나' 하고 곧 고행을 닦았다. 이에 여러 하늘들은 깨와 쌀을 바쳤다.

태자는 바르고 참된 도를 닦기 위하여 마음을 깨끗이 하고 계율을 지키면서 하루에 깨 한 톨과 쌀 한 알씩을 먹으면서도 만약 구걸하는 이가 있으면 역시 보시하였다.

 교진여를 비롯한 다섯 사람도 태자를 보고 단정히 앉아서 생각을 하고 고행을 닦는데, 이들 또한 하루에 깨 한 톨이나 쌀낱알 하나를 먹거나, 또는 이틀 내지 이레 동안에 깨 한 톨과 쌀낱알 하나씩을 먹기도 하였다.

 교진여 등은 고행을 닦으면서 태자를 시봉하며 그 곁을 떠나지 않았고, 그들 중에 한 사람은 신하들에게 태자의 일을 자세히 전했다.

 그 무렵 신하들은 궁전에 이르렀는데, 얼굴 모습은 근심으로 야위었고 몸의 형상은 마치 어버이를 잃고 장례를 치른 뒤에 슬픔을 억지로 참으며 돌아온 사람과 같았다.

 문지기가 왕에게 아뢰기를 "신하들이 지금 문 밖에 있습니다"라고 하자, 왕은 듣고 기가 막혀 소리도 못 내고 몸과 머리만을 겨우 움직일 뿐이었다. 문지기는 왕의 뜻을 알고 곧 신하들을 안내하였다. 왕은 이들을 만나자 슬퍼서 말도 못하다가 겨우 작은 소리로 물었다.

 "태자는 나의 생명인데 지금 그대들만이 여기에 돌아왔구려. 나의 생명인 태자는 어떻게 하고 있소?"

 신하들은 대답하였다.

 "저는 왕의 칙명을 받들고 태자를 찾아 발가선인이 사는 곳까지 이르렀는데, 선인이 저에게 태자가 계신 데를 말하였고 아울러 태자가 하시던 말씀을 들려주었으므로 저는 곧 태자를 찾으러 가다가 도중에 우연히 태자를 만났습니다. 나무 아래 단정히 앉아 명상을 하는데 상호의 광명이 해와 달보다 뛰어났습니다. 곧 태자를 향하여 대왕과 마하파사파제며 야쇼다라의 근심하고 괴로워하는 뜻을 자세히 말씀하였더니, 태자는 깊고도 묵직한 소리로 대답하기를, '제가 어찌 부왕과 친척들의 은정이 깊은 줄을 모르겠습니까. 다만 나면 죽고 사랑하면 이별하게 되는 괴로움을 두려워하여 끊어 없애려고 일부러 여기에 왔을 뿐입니다' 하면서 이같이 갖가지 말을 하는데 뜻이 굳어서 마치 수미산을 움직일 수 없음과 같았습니다.

저를 버리고 떠나가기를 마치 지푸라기 버리듯 하였으므로, 곧 다섯 사람을 선택하여 태자를 따르고 시중하면서 계신 데를 살피게 하였는데, 얼마 전에 보냈던 사람 가운데 한 사람이 돌아와서 소식을 전하였습니다.

'태자께서는 아라라와 가란 선인의 처소로 가다가 항하를 지날 때는 하늘의 신통력으로 물을 건넜습니다. 사위성에 이르자 범비사라왕이 태자를 맞이하여 방편과 비유로 말하면서, 집을 떠나지 말고 나라를 나누어 함께 다스리거나 온전히 다 주겠다고 하기도 하였고, 아울러 군사를 내주어 다른 나라를 치게 하려고까지 하였지만 태자는 역시 모두 받아들이지 않았습니다. 또

선인의 처소에 이르자 그들을 위하여 법을 말씀하시어 그들의 마음을 항복케 하였으며, 그 뒤 가사산의 고행하는 숲속에 이르러 니련선하 강가에 고요히 앉아 생각을 하며 하루에 깨 한 톨과 쌀알 하나씩을 잡숫고 있습니다' 라는 내용이었습니다."

왕은 신하들의 이와 같은 말을 듣자 마음이 크게 슬퍼지고 괴로워지며 온몸이 떨리고 털이 모두 곤두섰다.

"태자는 드디어 전륜왕의 자리와 부모며 친척들의 은혜와 사랑을 버리고 멀리 깊은 산에 있으면서 이런 고행을 닦으니, 나는 박복하여 이러한 값진 보배 아들을 잃었소."

그리고 왕은 즉시 이러한 사실들을 마하파사파제와 야쇼다라에게 말하였다.

왕은 곧 수레 오백 대를 차리는 한편, 마하파사파제와 야쇼다라가 준비해 온 수레 사백 대에 온갖 생활물품을 모두 다 갖추어 놓고 곧 차익을 불러 일렀다.

"너는 태자를 보내어 멀리 깊은 산에 방치하였다. 지금 또다시 너에게 이 수레 천여 대를 주겠다. 이 수레에 양식을 실어 태자에게 보내는 것이니 때에 맞추어 공양을 하되 모자라거나 부족함이 없게 할 것이며 다 되거든 다시 와서 청하여라."

차익은 칙명을 받고 곧 수레 천 대를 거느리고 즉시 떠나가 태자에게 이르렀다. 차익은 태자의 형상이 여위고 가죽과 뼈가 서로 맞붙어서 혈맥이 나타난 것이 마치 바라사화와 같음을 보고는 땅에 기절하였다가 한참 만에 일어나서 눈물을 머금고 말하였다.

"대왕께서는 태자를 생각하며 밤낮을 잊지 못하시니 이 수레 구백 대에 온갖 생활물품을 실어 주시면서 일부러 저를 보내어 태자를 봉양하도록 하셨습니다."

그러자 태자는 차익에게 대답하였다.

"내가 부모를 어기고 나라까지 버리며 멀리 여기까지 온 것은 지극한 도를 구하기 위해서인데, 어떻게 다시 이런 양식을 받겠느냐."

차익은 이 말을 듣고 생각하기를, '태자께서 이와 같은 공양을 받지 않으려 하니, 달리 한 사람을 구하여 이 수레들을 거느리고 왕에게 돌아가도록 하고 나는 여기에 머물러 태자를 받들어 섬겨야겠다' 하고는 곧 한 사람을 뽑아 수레를 거느리고 떠나가게 하였다. 그리고 차익은 은밀히 태자를 모시며 아침이나 저녁이나 그 곁을 떠나지 아니하였다.

고행을 그만두다

태자는 생각하였다.

'나는 하루에 깨 한 톨과 쌀 한 알을 먹었으며, 때로는 이레 동안에 그렇게 먹기도 하였으니 몸이 야위어서 마치 마른 나무와 같구나. 고행을 닦아 육 년이나 되었는데 해탈을 하지 못하였으니 짐짓 그릇된 길인 줄을 알겠구나. 옛날 잠부나무 아래 있는 것만 같지 못하다. 욕심을 떠나고 고요한 이것이 가장 참되고 바르구나.

 이제 내가 만약 이 여윈 몸으로 도를 얻는다면 저 외도들은 오로지 굶주림이 바로 열반에 이르는 길이구나 라고 말할 것이다. 이제 뼈 마디마디에 나라연(那羅延)[65]의 힘을 지니고 있다 하더라도 이것으로는 도의 결과를 얻지 못하리라. 음식을 취해 몸을 회복한 뒤에 도를 이루어야 하겠다.'

 태자는 곧 자리에서 일어나 니련선하에 이르러 강에 들어가서 목욕을 하였다. 그러나 몸이 너무 야위었기 때문에 스스로는 나올 수가 없자 천신이 내려와서 나뭇가지를 늘여 주었으므로 그것을 잡고 강을 나올 수 있었다. 그 때 그 숲의 바깥에 난타바라(難陀波羅)라고 하는 소를 치는 여인이 있었는데 정거천이 내려와서 권하기를 "태자께서 지금 숲 속에 계시니 그대는 공양을 올리라"고 하였다.

 여인은 듣고 크게 기뻐하였다. 마침 땅 속에서 저절로 천 개의 잎을 가진 연꽃이 솟아나면서 꽃 위에 우유죽이 생겼으므로 여인은 이를 보고 기이한 마음을 내며, 곧 우유죽을 가지고 태자가 있는 곳에 이르러 땅에 머리를 숙여 예배하고 나서 공양을 올렸다. 태자는 곧 그 여인의 보시를 받으면서 기원하였다.

"보시하는 음식은 먹는 이에게 기력을 차릴 수 있게 하니, 보시하는 이는 담력을 얻고 기쁨을 얻어 안락하며, 병이 없이 끝까지 오래 살게 될 것이며, 지혜가 두루 갖추어지리라."

그리고 태자는 또 말하였다.

"나는 일체중생을 성숙시키기 위하여 이 음식을 받는다."

기원하기를 마치고 곧 받아먹자, 몸에 빛이 나고 기력이 가득 차서 깨달음을 지니는 데 감당할 수 있었다.

보리수 아래에서

그 때 다섯 사람은 이런 일을 보고 놀라 이상히 여기며 물러나 저마다 살던 데로 돌아가 버렸다. 보살은 홀로 핍팔라 나무에 가서 스스로 발원하였다.

"이 나무 아래 앉아서 나의 도가 이룩되지 않으면 결코 일어나지 않으리라."

그러자 보살의 덕이 무거워 땅이 견뎌내지를 못하며 걸음걸음마다 땅이 진동을 하며 큰 소리를 내었다. 그 때에 눈이 먼 용이 땅이 진동하는 소리를 듣고 두 눈이 밝아지며 크게 기뻐하였다. '일찍이 먼저의 부처님에게서 이런 상서로운 감응이 있음을 보았다.' 용은 이렇게 생각하자마자 땅으로부터 솟아나와서 보살의 발에 예배를 하였는데, 그 때에 콩새 오백 마리가 허공을 날며 보살의 오른편으로 돌았고, 상서로운 구름이 향기로운 바람에 따라 떠돌며 여러 빛깔을 비추었다. 그러자 눈먼 용은 게송으로 찬탄하였다.

보살이 발로 밟으신 곳은
땅이 모두 여섯 가지로 진동하며
크고도 깊고 먼 소리를 내니
저는 듣고 눈이 떠져 밝아졌습니다.

또 공중을 보건대
콩새가 보살을 돌고 있으며
상서로운 구름이 아주 곱게 비추고
향기로운 바람이 매우 맑고 시원합니다.

보살의 이렇듯 상서로운 형상이야말로
모두가 과거의 부처님과 같으므로
이로써 보살께서는 반드시
바른 깨달음[正覺]을 이룰 것입니다.

이에 보살은 곧 스스로 생각하기를 '과거의 모든 부처님들은 무엇을 자리로 삼으셔서 위없는 도를 이루셨을까?' 하다가 저절로 풀로 자리를 삼은 줄 알게 되었다. 제석천이 사람으로 변하여 깨끗하고 부드러운 풀을 가지고 있자 보살은 물었다.
"그대의 이름은 무엇입니까?"
"길상(吉祥)입니다."
보살은 크게 기뻐하며 '나는 불길한 것을 깨뜨리고 길하고 상서로움을 이루리라' 하고 또 물었다.
"그대의 풀을 얻을 수 있을까요?"
이에 길상은 곧 풀을 보살에게 드리면서 발원하였다.
"보살께서 도가 이루어지시면, 원컨대 저를 제도하여 주소서."
보살은 풀로 자리를 삼아 그 위에서 결가부좌하여 과거 부처님이 앉으셨던 법과 같이 하고 서원하였다.
'과거 부처님들께서 바른 깨달음을 이룩하지 않고서는 이 자리에서 일어나지 않으셨으니 저도 역시 그와 같이 하겠습니다.'
이 맹세를 할 때에, 하늘과 용, 귀신들이 모두 다 기뻐하였고 맑고 시원한 바람이 사방에서 불어오는데, 날짐승 길짐승은 울음이 없고 나무조차 한들거리지 않았으며, 떠다니는 구름과 날아다니는 티끌이 모두 다 맑고 깨끗하였으니, 이는 보살이 반드시 도를 이루게 될 조짐이었다.

마군을 항복받다

　보살이 나무 아래에 앉아 맹세를 할 때에 하늘이며 용 등 팔부가 모두 기뻐하며 공중에서 찬탄하였는데, 제6천의 마왕 궁전이 저절로 동요하였다. 마왕은 마음이 크게 괴로워지고 정신이 조급하여 말과 입맛까지 잃었다. '사문 고타마가 지금 나무 아래에 있으면서 오욕을 버리고 단정히 앉아 명상을 하는데 머지 않아 정각의 도를 이루게 되겠구나. 그 도가 만약 이루어지면 널리 일체를 제도하여 나의 경계를 뛰어넘으리니, 도가 아직 이루어지기 전에 가서 무너뜨리고 어지럽게 해야겠다.'
　마왕의 아들은 아버지가 지쳐서 파리해진 것을 보고 말하였다.
　"살피건대 부왕께서는 무슨 근심이 있는 듯합니다."
　"사문 고타마가 지금 나무 아래에 앉아 있다. 그 도가 장차 이루어지면 나를 뛰어넘으리니, 지금 무너뜨리려고 한다."
　그러자 아들은 즉시 아버지에게 말하였다.
　"보살이야말로 깨끗하여 삼계(三界)를 뛰어나셨으며

신통과 지혜가 환히 밝지 않음이 없습니다. 하늘이며 용의 팔부들이 모두 함께 찬양하는데 이는 부왕으로서는 꺾어서 굴복받을 수가 없으니, 악을 지어 스스로 환난을 초래하지 마셔야 합니다."

마침 마왕에게 세 딸이 있었는데 용모와 거동이 극히 단정하고 아름다우며 요염하고 약삭빨라 사람들을 잘 홀릴 수 있었다. 그러함이 천녀들 중에 으뜸이었는데 좋은 향을 풍기며 좋은 영락을 걸고 있었다. 첫째의 이름은 염욕(染欲)이요, 둘째의 이름은 능열인(能悅人)이요, 셋째의 이름은 가애락(可愛樂)이었다. 세 딸이 함께 나와 그의 아버지에게 아뢰었다.

"살피건대 부왕께서는 무슨 근심이 있으신지요?"

마왕은 곧 자신의 마음을 그대로 딸들에게 말하였다.

"세간에서는 지금 사문 고타마가 몸에 법의 갑옷을 입고 자재로운 활을 잡고서 지혜의 화살을 쏘아 중생들을 항복시켜 나의 경계를 무너뜨리려 하는데, 내가 만약 그보다 못하면 중생들은 그를 믿고 모두 귀의하여 나의 땅은 곧 비어 버릴 터이므로 근심할 뿐이다. 아직 도가 이루어지기 전에 가서 꺾어 부러뜨려서 그 교량을 파괴하려 한다."

마왕은 손에 강한 활을 잡고 또 다섯 활을 가지고 남녀 권속들과 함께 그 핍팔라 나무 아래 가서 모니(牟尼)[66]를 보니, 고요하여 움직이지 아니하고 생사 삼유

(三有)⁶⁷⁾의 바다를 건너려 하고 있었다. 마왕은 왼손으로 활을 잡고 오른손으로 화살을 고르면서 보살에게 말하였다.

"그대는 크샤트리야(刹利)⁶⁸⁾ 종족으로서 죽음을 매우 두려워할 만한데 어찌 빨리 일어나지 않는가. 그대는 응당 출가법을 버리고 전륜왕의 업을 닦아 보시하는 힘이나 익혀서 하늘에 나는 안락을 얻어야 하리니, 그 길이야말로 지금 이렇게 하는 것보다 훌륭하다.

그대가 크샤트리야의 전륜왕 종족이면서 걸사가 되려 하는 것이야말로 해야 할 바가 아니다. 이제 만약 일어나지 아니하고 편안히 앉기만을 좋아하며 본래의 맹세를 버리지 아니하면 나는 시험삼아 그대를 쏘리라. 한 번 날카로운 화살을 쏘기만 하면 고행하는 선인도 나의 화살 소리를 듣고 놀라 두려워하여 마음이 흐릿해지고 정신을 잃지 않음이 없는데, 하물며 그대 고타마가 이 독을 견디낼 수 있겠느냐? 그대가 빨리만 일어나면 안전할 수 있으리라."

마왕은 이런 말로 보살을 위협해 보았지만 보살은 태연히 놀라지도 않고 움직이지도 않았다. 마왕은 즉시 활을 당겨 화살을 쏘았으며 아울러 천녀들도 나아가게 하였다. 그러나 보살은 화살을 보지도 않았는데 화살은 공중에 머물다가 그 살촉이 아래로 떨어지면서 연꽃이 되었다. 그러자 세 천녀들이 보살에게 아뢰었다.

"어진 이께서는 덕망이 지극하여 하늘과 사람들이 공경하므로 마땅히 저희가 공양하고 모셔야 합니다. 저희들은 지금 나이가 한창때이며 단정하여 우리보다 뛰어난 이가 없으므로, 하늘께서 이제 저희들을 보내어 공양을 올리게 하며 밤에도 시봉하게 하셨으니, 원컨대 좌우에서 모시게 하옵소서."

그러자 보살이 대답하였다.

"너희들은 조그마한 선을 심어 하늘의 몸을 얻고서는 무상함을 생각하지 아니하고 요염한 짓을 하는데, 몸뚱이는 비록 아름답다 하더라도 마음이 단정하지 못하고 음탕하며 착하지를 못하니 죽어서는 반드시 세 가지 나쁜 갈래에 떨어져서 날짐승 길짐승의 몸을 받아 그를 면하기가 어렵게 되리라. 너희들은 이제 정의(定意)[69]를 어지럽히려 하는데 깨끗한 마음씨가 아니다. 지금 곧 떠나가라. 나는 필요하지 않다."

그러자 세 천녀들은 곧 늙은이로 변하였다. 머리는 세고 얼굴은 쭈글거리며, 이가 빠져서 침을 흘리며, 살이 없어 뼈가 불거지고 배는 북처럼 부풀어올라 지팡이를 집고 느릿느릿 걸으니, 스스로 회복하지 못하였다.

마왕은 보살이 이와 같이 굳건함을 보고 생각하기를, '내가 옛날 일찍이 설산에서 화살을 쏘았을 때 마혜수라(摩醯首羅)도 곧 두려워하였는데 지금 이 고타마를 움직일 수가 없구나. 이미 이 화살과 나의 세 딸로도 그를 움직이지 못하였으니, 그리워하거나 성을 내게 하려면 다시 다른 방편을 써야겠구나' 하고 곧 부드러운 말로 보살을 꾀었다.

"그대가 만약 인간 세상에서 즐거움 받기를 좋아하지 않는다면, 이제 곧 하늘 궁전으로 올라갑시다. 내가 하늘의 지위와 오욕을 모두 그대에게 드리겠습니다."

그러자 보살은 말하였다.

"그대는 전 세상에서 조그마한 보시의 인연을 닦아서 이제 그것 때문에 자재천왕(自在天王)이 되었는데, 이 복은 기한이 있으므로 반드시 다시 내려와 태어나서 세 가지 길(三惡道)에 빠져 뛰어나오기 매우 어려울 것이다. 그런 허물이 있으니 나는 그대가 필요하지 않다."

마왕은 다시 보살에게 말하였다.

"나의 과보는 그대가 알고 있지만 그대의 과보는 누가 또 알겠는가?"

그러자 보살은 대답하였다.

"나의 과보야말로 오직 이 땅만이 아느니라.[70]"

이 말이 끝나자 대지가 여섯 가지로 진동하더니 이에 지신(地神)이 칠보 병에 연꽃을 가득히 채워서 땅으로부터 솟아나오며 마왕에게 말하였다.

"보살은 옛날에 머리와 눈과 골수며 뇌를 남들에게 보시하셨으며, 그 때 흘린 피가 대지를 적셨습니다. 나라와 성, 아내와 아들, 코끼리, 말, 값진 보배 등을 보시하심이 헤아릴 수 없으니, 이는 오로지 위없는 바르고 참된 도를 구하기 위해서였습니다. 그러므로 당신은 이제 보살을 괴롭게 하지 말아야 할 것입니다."

마왕은 이 말을 듣자 마음이 두려워지며 몸의 털이 모두 곤두섰는데 지신은 보살의 발에 예배하고 꽃을 공양하고는 홀연히 없어져 버렸다.

마왕은 다시 생각하였다.

'나는 강한 활과 날카로운 화살과 세 딸, 또 방편으로 온화한 말을 하며 유혹했지만 이 고타마의 마음을 무너뜨리거나 어지럽힐 수 없었다. 이제 다시 여러 가지 방편을 마련하여 널리 군사들을 모으고 힘으로 협박하리라.'

마왕이 이런 생각을 하자 홀연히 그의 모든 군사들이 나타나서 허공에 가득 찼는데 형상과 모습이 저마다 달랐다. 창을 잡기도 하고 칼을 쥐기도 하였으며, 머리에 큰 나무를 이기도 하고 손에 금방망이를 들고 있기도 하여 갖가지 무기를 모두 다 갖추었다. 돼지, 당나귀, 말, 사자와 용의 머리며 곰, 호랑이, 물소 등 여러 길짐승의 머리를 했는가 하면 몸 하나에 머리가 많이 달리기도 하고, 눈이 여럿 있기도 하였다. 배가 크고 몸이 길기도 하고 깡말라서 배가 없기도 하고 다리가 길고 무릎이 크기도 하였다.

또 큰 다리에 장딴지가 통통하기도 하고, 손톱 발톱

이 길고 어금니가 날카롭기도 하며, 발은 둘인데 몸뚱이가 많기도 하고, 커다란 얼굴 옆에 얼굴이 또 달리기도 하며, 그 얼굴이 회색 흙 같기도 하였다. 몸에서 불을 뿜기도 하고, 코끼리 같은 몸에 산을 짊어지고 있기도 하며, 머리카락을 풀어헤친 벌거숭이기도 하였다. 얼굴빛이 반은 붉고 반은 희기도 하며, 입술이 땅까지 드리워 있기도 하고, 옷을 걷어 올려 얼굴을 덮기도 하였다. 호랑이 가죽을 입었는가 하면 사자의 몸에 뱀 가죽을 뒤집어쓰기도 하고 뱀이 온몸을 감고 있기도 하였다. 머리 위에 불이 훨훨 타기도 하고, 눈을 부릅뜨고 팔을 걷어붙이기도 하며, 옆으로 가면서 뛰기도 하였다. 또 공중에서 빙빙 돌거나 달려가면서 으르렁거리기도 하였다.

 이렇듯 악한 형상을 지닌 것들이 헤아릴 수 없이 보살을 에워싸고 보살의 몸을 찢으려 하는가 하면, 사방에서 연기가 일어나며 불길이 하늘을 찌르기도 하고, 미친 듯이 지르는 소리에 산골짜기가 진동하기도 하였으며, 바람과 불과 연기며 먼지를 캄캄하게 일으켜 보이는 것이 없게 하고, 네 군데 큰 바닷물을 한꺼번에 끓어오르게 하는지라, 법을 보호하는 천인들과 여러 용과 귀신들은 모두 악마들을 괘씸하게 여겨 성을 냈으며, 털구멍마다 피가 흘렀다.

 정거천들은 마왕이 보살을 괴롭히는 것을 보고 자비

로운 마음으로 내려와 마왕의 군사들을 살펴보니, 그 군사들은 보살을 포위하고 크고 나쁜 소리를 내어 천지를 진동시키는데도 보살의 마음은 안정되어 얼굴에 아무 이상이 없음이 마치 사자가 사슴 떼 안에 있는 것과 같았으므로 모두 다 찬탄하였다.

'아아, 기특하며 전에 없던 일이다. 보살은 결정코 바른 깨달음을 이루시리라.'

여러 악마들은 저마다 위력을 다하여 보살을 꺾고 깨뜨리기 위하여 눈을 흘기며 이를 갈기도 하고, 날아다니면서 어지러이 물건을 던지기도 하였지만, 보살이 그들 보기를 마치 어린아이의 장난처럼 여기자 마왕은 더욱 분하였다.

그러나 보살은 자비의 힘으로 돌을 든 악마는 돌을 들 수 없게 하고, 이미 들어올린 악마는 다시 내리지를 못하게 하며, 날아다니며 춤추는 칼은 공중에 머물게 하고, 번개와 우레, 비, 불은 다섯 가지 빛깔의 꽃이 되게 하며, 나쁜 용이 토하는 독은 향기의 바람으로 변하게 하였다. 마왕은 온갖 악한 형상으로 보살을 무너뜨리려 하였지만 보살을 움직일 수조차 없었다.

마왕에게는 형과 아우가 있는데 첫째의 이름은 미가(彌伽)요 둘째의 이름은 가리(迦利)였다. 그들은 저마다 손에 해골 그릇을 가지고 보살 앞에서 여러 가지 기이한 모습으로 보살을 괴롭혔다. 이렇듯 여러 마왕이 갖가지 더러운 몸으로 보살을 두렵게 하려 했으나 마침내 보살의 터럭 하나도 움직일 수 없음을 알자 마왕은 더욱더 걱정하였다.

그 때 공중에서 부다(負多)라는 신이 몸을 숨기고 말하였다.

"나는 지금 석가모니 어른을 뵈오매 마음과 뜻이 태연하여 원망하는 생각이 없다. 이 여러 악마들은 독스런 마음을 일으켜 원망이 없는 데도 멋대로 분을 일으킨다. 한갓 스스로만 고달프지 영원히 얻는 것은 없으리라. 오늘 마땅히 해치려고 하는 마음을 버려야 한다.

너희들이 비록 뜨거운 것을 차갑게 할 수 있고 차가운 물을 뜨겁게 할 수 있으며 땅의 단단하고 강한 성질을 부드럽게 할 수 있다 하더라도, 보살께서 오랜 겁 동안에 닦아 익힌 선한 과보와 바른 생각의 선정과 부지런히 애쓰신 방편이며 깨끗한 지혜의 광명은 무너뜨릴 수 없다. 이 네 가지 공덕이야말로 바른 깨달음을 이루게 하리니, 마치 천 개의 해가 비추면 반드시 어둠을 없앨 수 있음과 같다. 나무를 비비어 불을 얻고 땅을 뚫어서 물을 얻는 등, 부지런히 애쓰신 방편이야말로 구하여서 얻지 못하신 일이 없다. 세간의 중생들이 삼독(三毒)에 빠져도 구제하는 이가 없는 터에 보살은 자비로 지혜의 약을 구하며 세간을 위하여 환난을 없애려고 하는데, 너희들은 지금 어째서 보살을 괴롭히고 어지럽히느냐?

 세간의 중생들이 미련하여 지혜가 없어서 모두가 삿된 소견에 집착하므로 이제 법안(法眼)으로 바른 길을 닦아 익히며 중생들을 인도하려 하시거늘, 너희들은 지금 어째서 괴롭히고 어지럽히느냐?

 이것이야말로 옳지 못하다. 마치 넓은 들판에서 장사하는 사람들의 길잡이를 속이려고 하는 짓과 같다. 중생들이 큰 어둠 속에 빠져서 어리둥절하여 머무를 곳을 모르는지라 보살이 그들을 위하여 큰 지혜의 등불을 켜셨거늘 너희들은 지금 어째서 그 불을 꺼지게 하려고 하느냐?

 중생들이 지금 생사의 바다에 빠져 있으므로 보살이 그들을 위하여 지혜의 배를 수선하시거늘 너희들은 어째서 지금 가라앉게 하려 하는가?

 인욕이 어금니가 되어 견고함을 뿌리로 삼으며 위없는 큰 법으로 큰 열매를 삼으시거늘 너희들은 지금 어째서 공격하며 정벌하려 하는가?

 탐진치(貪瞋癡)의 쇠사슬에 중생들이 묶여 있는지라 보살은 고행을 하며 그들을 풀어 주시려 하니 결정코 오늘 나무 아래에서 가부좌하여 위없는 도를 이루리라.

 이 땅은 바로 지나간 세상의 부처님들의 금강좌(金剛座)이신지라 다른 지방은 모두 움직이더라도 이곳은 움직이지 않으리라.

미묘한 선정을 해내실 만하므로 너희들에게 꺾일 바가 아니로다. 너희들은 이제 기뻐하고 경하하는 마음을 내어 교만의 뜻을 쉬며 알음알이의 생각을 닦으면서 그를 받들어 섬겨야 할 것이다."

마왕은 공중의 소리를 듣고, 또 보살이 태연하게 다름이 없음을 보고 부끄러워졌다. 교만을 버리고 곧 길을 바꾸어 천궁으로 돌아가 버리므로 모든 악마들은 근심 걱정을 하며 모두 다 무너지고 흩어졌다. 기가 꺾이고 위엄과 씩씩함이 없어지자 여러 전투 도구들은 숲과 들에 어지러이 버려졌다.

악마들이 물러가고 흩어질 때에 보살의 마음은 깨끗하고 맑디 맑아서 움직이지 않았다. 하늘에는 연기와 안개가 없고, 바람은 곁가지조차 흔들지 않으며, 솟아오르는 해는 갑절이나 더 밝아졌으며, 맑은 달은 환히 비추며, 뭇별은 찬란하게 밝고, 어두컴컴한 곳은 일체 장애가 없어졌으며, 허공에서 여러 하늘들은 아름다운 꽃과 향을 흩고 여러 풍악을 울리며 보살에게 공양하였다.

깨달음을 이루다

보살은 자비의 힘으로 2월 7일 밤에 악마를 항복시

키고 나자 큰 광명을 내면서 곧 선정에 들어 진리를 생각하였는데〔觀照〕,⁷¹⁾ 모든 법 중에 선정이 자재로와서 과거에 지었던 모든 선과 악을 알았으며, 여기로부터 저기에 났고 부모와 권속들이며 가난하고 부자인 사람, 귀하거나 천한 이들의 수명의 길고 짧음과 이름과 성 등을 모두 다 분명히 알게 되었다. 그러자 곧 중생들을 크게 가엾이 여기는 마음을 일으켰다.

'일체중생들을 구제하는 이가 없으므로 오도(五道)를 윤회하며 늘 그 가운데에서 제멋대로 괴로움과 즐거움을 내는구나.'

이같은 생각을 하는데 초저녁이 다하였다.

보살은 밤중이 되자 곧 천안(天眼)을 얻고 세간을 자세히 살피는데 모두 다 환히 보이는 것이 마치 맑은 거울 속에서 자기의 얼굴 모습을 보게 됨과 같았다.

모든 중생들을 보았더니, 갖가지 무리들이 한량없이 여기에서 죽어 저기에 태어났고, 행한 선과 악에 따라 괴로움과 즐거움의 과보를 받고 있었다.

지옥 안에서 고문하며 다스리는 중생을 보았더니, 뜨겁게 끓인 구리가 입에 부어지기도 하고 구리 기둥을 안고 있기도 하며, 쇠 평상에 눕혀져 있는가 하면 가마솥에서 삶아지기도 하고, 불 위에서 꼬챙이로 지져지기도 하고 범이나 이리, 개나 매에게 먹히기도 하였다.

불을 피하여 나무 아래에 있으면 나뭇잎이 떨어지면

서 모두 칼이 되어 몸을 베고 끊기도 하고, 도끼와 톱으로 온몸이 베이고 찍히기도 하고, 뜨겁게 끓는 재로 된 강물이나 똥 오줌 구덩이 속에 던져지기도 하였는데, 이와 같이 갖가지 고통을 받는 것은 업보 때문이며 목숨은 끝끝내 죽어지지도 않았다.

보살은 이와 같은 일들을 보고 생각하기를, '이들 중생들은 본래 나쁜 업을 지어 세간의 낙으로 삼았기 때문에 이제 과보를 얻어 극히 큰 고통을 당하고 있다. 만약 사람들이 이와 같은 나쁜 과보를 보게 된다면 다시는 착하지 못한 업은 짓지 않게 되리라'고 하였다.

보살이 다시 축생을 살피자 갖가지 행에 따라 여러 가지 더러운 형상을 받은 것이 보였다. 뼈와 살, 힘줄, 뿔, 가죽이나 어금니, 털이며 깃으로 되어 죽음을 받는 놈도 있으며, 무거운 짐이 지워져 몹시도 배고프고 목말라 하는데도 사람들은 이를 모른 척해 고통받는 놈도 있으며, 코가 꿰뚫리기도 하고, 머리가 홀쳐져 있기도 하며, 언제나 제 몸의 살은 사람들에게 바치면서도 도리어 저희들끼리는 서로 잡아먹는 등, 갖가지의 고통을 받고 있었다.

보살은 이를 보자 크게 가엾이 여기는 마음을 내었다.

'이 중생들은 언제나 몸과 힘으로 사람들을 위하면서도 매를 맞고 배고프거나 목마른 고통을 당하고 있는데

이는 본래 모두 나쁜 행을 닦았던 과보로구나.'

　보살은 다음에 아귀를 자세히 살펴보고자 그들이 항상 살고 있는 어두컴컴한 속을 보았더니, 잠시도 해와 달의 빛을 보는 일이 없었다. 그들 역시 서로가 보지 못하며 몸은 길고 크며 배는 언제나 큰 불길이 이글이글 타오르는 듯하고, 항상 배고프며 목이 마른데도 천억만 년 동안을 음식이란 소리조차 듣지 못하였다.

　또 비가 와서 그 위에 뿌려져도 곧 변하여 불구슬이 되어 버리고, 때로 강과 바다와 시내며 못을 지나가게 되면 물조차 뜨거운 구리와 이글거리는 숯이 되어 버리며, 몸을 움직이고 걸음을 걷는 소리는 마치 사람이 수레 오백 대를 끄는 것과 같았고, 온몸의 마디마디가 모두 불이 되어 타고 있었다.

　보살은 이러한 갖가지 고통을 보고 크게 가엾이 여기는 마음을 일으켰다.

　'이들은 모두가 본래 탐욕으로 재물을 쌓으면서 보시를 하지 않았기 때문에 지금 이런 죄의 과보를 받게 되었구나. 만약 사람들이 이런 고통을 보게 되면 보시에 인색하지 않고 설사 재물이 없더라도 살을 베어서까지 보시하려고 하리라.'

　보살은 다시 이번에는 사람을 자세히 살펴보았다.

　중음(中陰)[72)]에서 처음 태 안에 들어가려고 할 적에 부모가 화합하여 뒤바뀐 생각〔顚倒想〕으로 애욕을 일으키며 곧 그 애욕으로써 자기 몸을 삼는다. 태 안에 들어가서는 생장(生臟)과 숙장(熟臟)의 두 장(臟) 사이에 있으면서 사는 것이 마치 지옥의 고통과 같다가 열 달이 찬 뒤에 태어나는데, 처음 태어날 때에 바깥 세상의 사람에게 안겨 붙잡히면서 거칠고 껄끄러움을 당하는 고통은 마치 칼이 스치는 것과 같았다.

이렇게 하여 태어나면 오래지 않아 다시 늙고 죽음에 돌아가고 다시 젖먹이가 되는 등, 다섯 갈래를 윤회하면서도 스스로 깨닫지를 못하였다.

보살이 이를 보고 크게 가엾이 여기는 마음을 일으켰다.

'중생들에게는 이와 같은 환난이 있거늘 어찌하여 그 속에서 오욕에 탐착하고 멋대로 헤아리며 즐거움을 삼으면서 뒤바뀐 근본을 능히 끊지 못할까?'

보살은 다음에 여러 하늘들과 천인들을 자세히 보았다.

그 몸은 깨끗하여 먼지나 때가 끼지 않아서 마치 유리와 같았고 큰 광명이 있으며 두 눈을 깜빡거리지 않았다. 수미산 꼭대기나 수미산의 네 진영에서 살고 있는가 하면 허공 안에서 살기도 하면서 마음은 언제나 기쁘고 알맞지 않은 일이 없었다. 아름다운 하늘의 풍악을 울리며 스스로 재미있게 즐기는데 밤과 낮을 몰랐고, 사방의 모든 풍치가 매우 아름다웠다.

그러나 동쪽을 보면서 지나치게 집착하여 1년이 다 되었는데도 움직일 줄 모르며, 서쪽을 처자보다 즐겨하여 여러 해를 지내면서도 돌아가지 않았으며, 남쪽이거나 북쪽 역시 다 그와 같았다. 음식과 의복은 생각만 하면 즉시 생겼는데, 비록 이와 같이 뜻대로 되어 즐거운 일이 있기는 하지만 오히려 욕심의 불에 탐욕을 일으켰다.

또 그 하늘의 복이 다하는 때를 보았더니, 다섯 가지 죽음의 형상이 나타났다.

첫째는 머리 위의 꽃이 시들고, 둘째는 눈이 깜빡거려지고, 셋째는 몸 위의 광명이 스러지고, 넷째는 겨드랑이 밑에 땀이 나오고, 다섯째는 자연히 본래 있던 자리를 떠나게 되는 것인데, 그 권속들이 천인의 몸에 다섯 가지 죽음의 현상이 나타남을 보고 마음에 그리움을 내며, 천인도 역시 스스로 자기의 몸에 다섯 가지 죽음의 형상이 있음을 보고, 또 권속들이 그리워하고 있음을 보고는 크게 괴로워하였다.

보살은 그 천인들에게 이러한 일들이 있음을 보고 크게 가엾이 여기는 마음을 일으켰다.

'이 여러 천인들은 본래 조그마한 선을 닦아 하늘의 즐거움을 받게 되었으나 과보가 다할 때 크게 괴로움을 내는데, 목숨이 끝난 뒤에는 그 천인의 몸을 버리고 세 가지 나쁜 길에 떨어지기도 하니, 본래 선한 행을 지음은 즐거움의 과보를 구하기 위해서였지만 지금 얻어진 바는 즐거움이 적고 괴로움만 많은 것이다. 마치 굶주린 사람이 독이 섞인 음식을 먹는 것과 같다. 처음에는 맛이 있다 하더라도 마침내 큰 환난이 생기기 때문이다. 어떻게 슬기로운 이가 이를 탐내며 즐기겠는가.'

형상세계(色界)와 무형세계(無色界)의 하늘들은 수명이 긴 것을 보고 언제나 즐겁다고 여기다가 변하고 무너짐을 보면 크게 괴로워하며 곧 삿된 소견을 일으키면서 인과(因果)가 없다고 헐뜯는데 이런 일 때문에 삼도를 윤회하면서 갖가지 고통을 받는다. 보살은 천안의 힘으로 다섯 갈래를 자세히 살피고 크게 가엾이 여기는 마음을 일으켰다. '삼계의 안에서는 즐거움이란 하나도 없구나.'

그 때 밤중(中夜)이 지났다.

보살은 또 밤(三夜)이 되자 '중생들은 무슨 인연[73)으로 늙고 죽는(老死) 것일까?' 하고 자세히 살폈다. 그러자 늙고 죽음은 남(生)으로써 근본이 되니 만약 그 남을 여의면 곧 늙고 죽는 것이 없는 것임을 알았다.

또 이 남은 하늘로부터 난 것도 아니며 저절로 난 것도 아니다. 인연이 없이 난 것이 아니며 인연으로부터 났고, 욕계의 존재와 형상세계의 존재와 무형세계의 존재의 업 때문에 생겨난 것이었다.

또 '세 가지 존재(三有)[74)의 업은 무엇으로부터 났는가?'를 자세히 살폈더니, 곧 세 가지 존재의 업은 네 가지를 취하는 것[四取]75)으로부터 난 것임을 알았다.

또 '네 가지를 취함은 무엇으로부터 났는가'를 자세히 살폈더니, 곧 네 가지를 취함은 욕망[愛]76)으로부터 난 것인 줄 알았다.

또다시 '욕망은 무엇으로부터 났는가'를 자세히 살폈더니, 곧 욕망은 느낌[受]77)으로부터 난 것인 줄 알았다.

또다시 '느낌은 무엇으로부터 났는가'를 자세히 살폈더니, 곧 느낌은 촉감[觸]78)으로부터 난 것인 줄 알았다.

또다시 '촉감은 무엇으로부터 났는가'를 자세히 살폈더니, 곧 촉감은 여섯 감관[六入]79)으로부터 난 것인 줄 알았다.

또 '여섯 감관은 무엇으로부터 났는가'를 자세히 살폈더니, 곧 여섯 감관은 이름과 물질[名色]80)로부터 난 것인 줄 알았다.

또 '이름과 물질은 무엇으로부터 났는가'를 자세히 살폈더니, 곧 이름과 물질은 의식[識]81)으로부터 난 것인 줄 알았다.

또다시 '의식은 무엇으로부터 났는가'를 자세히 살폈더니, 곧 의식은 행(行)82)으로부터 난 것인 줄 알았다.

또다시 '행은 무엇으로부터 났는가'를 자세히 살폈더

니, 곧 무명(無明)[83]으로부터 난 것인 줄 알았다.

만약 무명이 없어[滅]지면 행이 없어지고, 행이 없어지면 의식이 없어지고, 의식이 없어지면 이름과 물질이 없어지고, 이름과 물질이 없어지면 여섯 감관이 없어지고, 여섯 감관이 없어지면 촉감이 없어지고, 촉감이 없어지면 느낌이 없어지고, 느낌이 없어지면 욕망[愛]이 없어지고, 욕망이 없어지면 취함이 없어지고, 취함이 없어지면 존재[有]가 없어지고, 존재가 없어지면 나는 것이 없어지며 나는 것이 없어지면 늙고 죽는 것과 근심, 슬픔, 괴로움이 없어진다.

이렇게 순서를 거슬러서 12인연을 자세히 살피더니 밤이 다 지날 무렵에는 무명을 깨뜨리고 새벽이 될 때에는 지혜의 광명을 얻어 익힌 업을 끊고 일체종지를 이룩하였다.

그 때 부처님께서는 생각하셨다.

'여덟 가지 바르고 거룩한 도(八正聖道)는 바로 삼세(三世)의 부처님께서 실제로 행하신 바요, 열반에 나아가는 길이었는데, 나도 이미 실천하여 지혜가 통달하고 걸리는 바가 없다.'

그러자 그 때 대지는 열여덟 가지로 움직였고, 자욱하던 안개와 뿌연 먼지는 모두 다 맑게 개였으며, 하늘의 북은 자연히 미묘한 소리를 내고, 향기 바람은 천천히 일어나 부드럽고 깨끗하고 시원하였으며, 여러 빛깔의 상서로운 구름은 단 이슬의 비를 내리고, 동산 숲의 꽃과 열매는 때를 기다리지 않고 만발하였다.

또 만다라 꽃과 만수사 꽃과 그리고 금·은·유리·칠보의 꽃들이 비처럼 내려 보리수를 둘러싸니 36요자나에 가득히 찼다.

여러 하늘들은 하늘의 풍악을 울리면서 꽃을 흩고 향을 사르며 노래하고 찬탄하였으며, 하늘의 보배 일산과 당기, 번기를 붙잡고 허공에 꽉 차서 부처님께 공양하였고, 용이며 팔부신들이 베푸는 공양도 역시 그와 같았다.

그럴 때 일체중생들은 모두 다 자비스러워져서 성내거나 해치려는 생각이 없어지니 마치 도를 이룬 듯한 기분이며, 두려워하는 것도 없어지고 그 마음이 고르고 부드러워지면서 교만한 뜻을 버리고 아끼고 시샘하고 아첨하는 마음이 없어졌다.

다섯 정거천은 기쁨과 즐거움의 형상을 여의고 모두가 기뻐하며 어쩔 줄을 몰랐다. 지옥의 고통은 잠시 동안 쉬게 되어 큰 기쁨이 생겼고, 온갖 축생도 서로가 잡아먹던 것이 다시는 나쁜 마음이 없어지며, 아귀는 배가 불러 배고프거나 목마르다는 생각이 없었다.

세계 중에 어두컴컴한 곳으로 해와 달도 그 거룩한 빛을 비출 수 없던 곳이 모두 크게 밝아졌으며 그 안의 중생들은 모두 서로 보게 되었으므로 각자 말하였다.

"이 안에 이렇게 많은 중생들이 있었던가."

큰 성인이신 법왕께서 세상에 나오셔서 큰 법의 광명으로 그릇된 법과 어둠을 깨뜨렸기 때문에 온갖 것이 모두 다 밝고 환하게 되었다.

석가 종족으로 선왕으로서 나라를 버리고 도를 닦아서 오통(五通)[84]의 신선이 되었거나 십선(十善)을 행하여 하늘에 나게 된 이들은 모두 신통으로 보리수 아래에 도착하여 허공에서 기뻐하며 합장하고 찬탄하였다.

"우리 석가 종족 중에서 능히 모든 번뇌를 끊고 일체지를 이루어 세간의 안목이 되었으니 매우 기특하십니다."

이렇듯 모두가 크게 기뻐하였으나 오직 마왕만은 마음 속으로 혼자 근심하였다.

범천이 설법해 주기를 청하다

부처님께서는 칠 일 동안 선정에 들었다가 큰 나무를 자세히 살피면서 생각하셨다.

'나는 이 곳에 있으면서 온갖 번뇌를 다하고 할 일을 다 마쳤으며 본래의 원이 원만히 이루어졌는데, 내가 얻은 바 법은 매우 깊고 이해하기 어려워서 오직 부처님만이 알 수 있을 뿐이다. 일체중생들은 오탁의 세상에서 탐냄과 성냄, 어리석음, 삿된 견해와 교만, 아첨 등에 막히고 가리워져 박복하고 근기가 둔하여 지혜가 없는데 어찌 내가 얻은 법을 알 수 있겠는가. 내가 만약 법륜을 굴리게 된다면 그들은 반드시 혼동이 되어 믿지 못하고 비방하며 장차는 나쁜 길에 떨어져서 여러 고통을 받으리니, 나는 차라리 잠자코 열반에 들리라.'
 부처님께서는 이를 게송으로 말씀하셨다.

 거룩한 도는 심히 오르기 어렵고
 지혜의 결과는 얻기 어려운데
 나는 이 어려운 가운데서
 모두 다 능히 이룩하였네.

 내가 얻은 바 지혜는
 미묘하여 제일 첫째이거늘
 중생들의 근기가 둔하여
 즐거움에 집착하고 어리석어 소경이 됐네.

 나고 죽는 흐름을 따라가
 그 근원으로 되돌아갈 수 없는
 이와 같은 무리들인데
 어찌 제도할 수 있겠는가.

과거현재인과경

대범천왕은 부처님께서 거룩한 깨달음을 이미 이룩하셨는데도 잠자코 계시며 법륜을 굴리지 않음을 보고 마음에 근심과 괴로움을 품었다.

'세존께서는 옛 한량없는 억 겁 동안에 중생들을 위하는 까닭으로 오랜 동안 생사에 계시면서, 나라와 성이며 아내와 아들, 머리며 눈, 골수, 뇌 등을 버리고 온갖 고통을 받으시다가 비로소 지금에야 소원이 만족하여 최상의 깨달음을 이루셨는데 어찌하여 잠자코 계시며 설법을 하시지 않을까? 중생들은 오랜 밤[85]을 생사에 빠지는데 나는 지금 가서 법륜을 굴리실 것을 청해야겠다.'

그는 곧 천궁을 출발하여 마치 장사가 팔을 굽혔다 펼 사이에 부처님의 처소에 이르자 땅에 엎드려 발에 예배하고 백천 번을 돌고난 뒤 물러나 한쪽에 머무르며 꿇어앉아 합장하고 부처님께 여쭈었다.

"세존이시여, 옛날에 중생들을 위하여 오랫동안 생사에 머물면서 몸과 머리며 눈을 버려 보시를 함으로써 온갖 여러 고통을 받으시며 널리 덕의 근본을 닦으시다가 비로소 지금에야 위없는 도를 이룩하셨는데 어찌하여 잠자코 계시며 법을 말씀하시지 않습니까? 중생들은 오랜 밤을 생사에 빠지고 무명의 어둠에 떨어져 뛰어나올 기약이 없습니다. 그러나 어떤 중생은 지나간 세상에서 선한 벗을 친히 하고 가까이하여 모든 덕의 근본을 심었으므로 법을 듣고 성인의 길을 받을 만합니다. 오직 원컨대 세존이시여, 이들을 위하여 대비력으로써 미묘한 법륜을 굴리시옵소서."

제석천과 타화자재천까지도 역시 그와 같이 부처님께서 중생들을 위하여 대법륜을 굴리시기를 권하고 청하였다.

"나 역시 일체중생들을 위하여 법륜을 굴리고 싶으나, 다만 얻은 바 법이 미묘하고 매우 깊어 풀이하기 어렵고 알기 어렵기에 모든 중생들이 믿고 받아들일 수도 없거니와 비방하는 마음이 생겨 지옥에 떨어지리니, 이 때문에 잠자코 있을 뿐이다."

그러자 범천왕 등은 세 번을 청하였고 부처님께서는 꼭 칠 일 만에 잠자코 수락하셨다. 범천왕 등은 부처님께서 청을 수락하심을 알고 땅에 엎드려 발에 예배하고 저마다의 처소로 돌아갔다.

녹야원을 향하여

부처님께서는 범천왕 등의 청을 수락하시고, 이레 동안 불안(佛眼)[86]으로 모든 중생들의 상·중·하의 근기와 모든 번뇌의 하·중·상을 자세히 살피시는데 꼭 열나흘이 다 되었다.

'나는 이제 감로의 법문을 열어야겠다. 누가 가장 먼저 듣는 이로서 마땅할까? 아라라 선인이 총명하고 슬기로워 깨닫기 쉬우리라. 또 그는 먼저 발원하기를, 도가 이루어지면 나를 제도하소서 하였다.'

부처님께서 이렇게 생각하실 때 공중에서 말하기를 "아라라 선인은 어제 밤에 임종하였습니다"라고 하였다. 부처님께서는 즉시 그 공중의 소리에 대답하셨다.

"나도 역시 그가 어제 밤에 죽은 줄 알고 있다."

또 생각하시기를 '가란 선인이 근기가 영리하여 분명히 알리니, 역시 맨처음 들음에 마땅하리라'고 생각하는데 공중에서 또 말하였다.

"가란 선인은 어제 밤에 죽었습니다."

부처님께서는 즉시 또 대답하셨다.

"나도 그가 어제 밤에 죽은 줄 알고 있었다."

부처님께서는 또 생각하시기를, '저 신하들과 교진여 등 나를 돌보던 다섯 사람이 모두 다 총명하다. 또 지나간 세상에서 나에게 발원하기를, 먼저 법을 들어야겠습니다라고 하였으니, 이제 이 다섯 사람을 위하여 처음 법문을 열어야겠다'라고 하셨다.

또 생각하시기를 '옛날 모든 부처님께서 법륜을 굴리신 곳이 바라나시 녹야원(鹿野園) 안의 선인이 살던 곳이다. 이 다섯 사람 또한 그 곳에 머물고 있으니, 이제 녹야원으로 가 대법륜을 굴려야겠다' 하시고 곧 자리에서 일어나 바라나시로 가셨다.

공양을 받으시다

그 무렵 상인 오백 명이 있었는데, 발다라사나와 발다라리라는 두 사람이 주인이었다. 두 사람이 넓은 들판을 지나가는데 한 천신이 말하였다.

"여래 응공 정변지 명행족 선서 세간해 무상사 조어장부 천인사 불 세존께서 세상에 나오셨는데 최상의 복전(福田)[87]이시니, 그대들은 이제 맨 먼저 공양을 베풀지니라."

상인들은 하늘의 말을 듣고 곧 "거룩하십니다. 말씀대로 하겠습니다" 하고 대답하고 물었다.

"세존은 지금 어디에 계십니까?"

하늘은 또 대답하였다.

"세존은 머지 않아 여기까지 오시리라."

이 때 부처님께서는 한량없는 하늘들에게 둘러싸이고 인도되어 다위사발리라는 마을에 닿으셨다.

상인들은 부처님의 거룩한 상호가 장엄하며 여러 하늘들이 앞뒤에서 둘러싸고 있음을 보고는 한없이 기뻐하면서 곧 꿀과 미숫가루를 부처님께 받들어 올렸다. 부처님께서 이를 보시고 '과거의 부처님들은 바루에 음

과거현재인과경

식을 담으셨는데'라고 생각하시자, 마침 사천왕이 부처님의 생각을 알고 저마다 바루 하나씩을 가지고 부처님 처소에 이르러 받들어 올렸다. '내가 이제 만약 한 왕의 바루만 받으면 나머지 왕들은 반드시 원망을 하리라.' 부처님께서는 이렇게 생각하시고 곧 네 왕의 바루를 모두 받아서 손바닥 위에 포개 놓고 눌러 하나가 되게 하되 네 짝은 각기 나타나게 하셨다.

부처님께서는 곧 기원하셨다.

"지금 보시를 하는 것은 먹는 이가 기력을 차릴 수 있도록 함이니, 장차 보시하는 자는 좋은 빛깔을 얻고 힘을 얻고 기쁨을 얻어서 편안하고 상쾌하며 병이 없이 마침내 오래 살게 하리라.

여러 착한 귀신들이 언제나 따르면서 수호하고, 음식의 보시로 삼독의 과보를 없게 하며, 총명하고 지혜로우며 부처님 법을 돈독히 믿어서 태어나는 곳마다 바른 소견으로 어둡지 않게 할 것이며, 사는 동안에는 부모와 처자며 친척 권속들이 모두 다 번성하며 모든 재앙과 상서롭지 못한 일이 없을 것이요, 그 중에서 만약 죽어 나쁜 길에 떨어진 이가 있으면 지금 보시하는 복 때문에 다시 인간과 천상에 태어나게 될 것이며, 삿된 소견을 일으키지 않고 더욱 공덕이 더하며, 언제나 모든 부처님 여래를 받들고 가까이 하여 미묘한 말씀을 듣게 되고 진리를 보며 증과(證果)를 얻어서 원한 바가 완전히 갖추어지리라."

　부처님께서는 기원을 마치시고 곧 음식을 받아 잡수신 뒤에 손을 씻고 양치질을 하고 바루를 씻고는 즉시 상인들에게 삼귀(三歸)를 주셨다.

　첫째 부처님께 귀의하고, 둘째 법에 귀의하며, 셋째 장래의 승가에게 귀의하는 삼귀를 수여한 후 그대로 그들과 작별하고 앞으로 나가셨는데 위의의 차분함과 걸음걸이가 마치 왕거위와 같았다.

　부처님께서는 길에서 우바가(優波伽)라는 외도를 만나셨다. 그는 부처님의 상호가 장엄하며 모든 감관이 고요하고 안정되었음을 보고 찬탄하기를 "기특하시구나" 하고 이어 게송으로 말하였다.

　세간의 모든 중생들은 모두 삼독에 얽매여
　모든 감관은 또 경솔하고 조급하여
　바깥의 경계로 내달으며 방탕한데

　지금 어진 이를 뵈오니
　모든 감관이 아주 고요하시고
　필시 해탈의 경지에 도달하셨음을
　결정코 의심할 것 없네.
　어진 이가 배우셨던 스승은
　그 성씨가 무엇이옵니까?

이에 부처님께서는 게송으로 대답하셨다.

나는 이미 일체중생의 겉모습을 뛰어넘었으며
미묘하고 깊숙하며 머나먼 법을
이제 완전히 알았노라.

삼독과 오욕의 경계를
영원히 끊어서 남은 습기 없음이
마치 연꽃이 물에 떠 있어
흐리고 탁한 물에 물들지 않음과 같노라.

스스로 여덟 가지 바른 도를 깨쳐
스승도 없고 짝할 이도 없으며
맑고 깨끗한 지혜로써
힘이 센 악마에게 항복받았노라.

이제는 정각을 이룩하였으니
천상과 인간의 스승이 될 만하며
몸과 입과 뜻이 만족하나니
그러므로 명호를 모니라 하노라.

바라나시에 나가서
감로의 법을 굴리려 하는데

이것은 하늘 사람 악마 범천으로서는
능히 굴릴 수 있는 바가 아니리.

우바가는 이 게송을 듣고 기뻐하면서 전에 없던 일이라 찬탄하고 합장 공경하며 주변을 돌고 나서 그 모습이 보이지 않을 때까지 바라보았다.

부처님께서는 다시 길을 가시다가 아사바라 물 가에 이르셨는데 날이 이미 저물었으므로 그 곳에서 묵으며 선정에 들었다.

그러할 때에 칠 일 동안 바람이 불고 비가 왔다. 그 물 속에는 목진린타라는 큰 용왕이 있다가 부처님께서 선정에 드셨음을 보고 곧 그의 몸으로 둘레를 일곱 번 싸서 칠 일이 지난 뒤에 사람의 형상으로 변하여 땅에 엎드려 발에 예배하고 부처님께 아뢰었다.

"세존이여, 여기에 칠 일 동안 계시면서 심한 비바람에 병환이나 나시지 않으셨습니까?"

이에 부처님께서는 게송으로 대답하셨다.

여러 하늘과 세상 사람들이
기뻐하는 바의 오욕으로
나의 선정의 즐거움에 견준다면
비유할 수조차 없으리라.

그 용왕은 부처님의 이 게송을 듣고 몹시 기뻐하며 땅에 엎드려 발에 예배하고 있던 데로 돌아갔다.

다섯 비구의 교화

부처님께서는 다시 길을 가시다가 바라나시에 도착하여 교진여와 마하나마, 바파, 아사바사, 발다라사 등이 머무르고 있는 곳에 이르셨다.

그 때 다섯 사람은 멀리서 부처님이 오시는 것을 보고 서로 말하였다.

"사문 고타마가 고행을 버리고 물러나서 음식의 즐거움을 받았으니 다시는 도의 마음이 없으리라. 지금 여기에 왔으나 우리들은 일어나서 영접할 필요조차 없다. 또한 예배하고 공경하거나 구하는 것을 묻거나 그를 위하여 자리를 권하지도 말자. 만약 앉고 싶으면 스스로 그가 하리라."

그러나 이 말을 하고 잠자코 있던 다섯 사람은 부처님께서 이르시자 저마다 자리에서 일어나 예배하고 받들어 영접하고는 서로 부처님의 시중을 들었다. 옷과 바루를 들고 있기도 하며, 손을 씻고 양치질하도록 물을 떠 오기도 하고, 다리를 씻어 주기도 하며 저마다 본래의 맹세를 저버렸는데, 저희들끼리 부처님을 일컬어 고타마라고 하였다.

　부처님께서 교진여에게 말씀하셨다.

　"너희들은 나를 보아도 일어나지 않겠다고 함께 약속을 하고는 이제 무엇 때문에 먼저의 맹세를 저버리고 놀라 일어나서 나의 시중을 드는가?"

　다섯 사람은 부처님의 이 말씀을 듣고 몹시 부끄러워하며 아뢰었다.

　"고타마께서는 길을 걸어오시느라고 고달프시지나 않으셨습니까?"

　그러자 부처님께서는 다섯 사람에게 말씀하셨다.

　"너희들은 어찌하여 위없는 어른에게 고상한 마음씨를 쓰면서도 성씨를 부르느냐? 나의 마음은 모든 비방함과 칭찬함에 대해 텅 비어 분별하는 바가 없거니와 다만 너희들이 잘난 체하여 스스로 악한 과보만을 부른다. 이를테면 아들이 제 부모의 이름을 부른다는 것은 세상의 예로서도 불가하거든 하물며 이제 일체중생의 부모인 나에 대해서는 어떠하겠는가?"

　다섯 사람은 이 말씀을 듣고 매우 부끄러워하였다.

　"저희들이 어리석어서 슬기로움과 앎이 없으니 바른 깨달음을 이미 이루셨는지 아닌지 저희는 모릅니다. 왜냐하면 지난날에 여래를 보건대 하루에 한 알의 깨와 한 알의 쌀을 잡수시면서 육 년 동안 고행을 하셨는데 이제는 도리어 음식의 즐거움을 받으셨습니다. 저희는 이 때문에 도를 얻지 못한 것으로 여겼습니다."

그러자 부처님께서는 교진여에게 말씀하셨다.

"너희들은 조그마한 지혜로 나의 도가 이루어졌다 이루어지지 않았다 하고 가벼이 헤아리지 말라. 형상이 괴로움에 있으면 마음이 곧 시달리고 어지러우며, 몸이 즐거움에 있으면 뜻이 곧 좋아하고 집착하나니, 그러므로 괴로움과 즐거움은 두 가지 다 도의 요인이 아니다.

마치 비벼서 불을 낼 적에 물을 부으면 반드시 빛이 없어지는 것처럼, 지혜의 불을 비비는 것도 그와 같아서 괴로움과 즐거움의 물이 있으면 지혜의 광명이 나지 않으며, 나지 않기 때문에 나고 죽는 검은 장애를 없앨 수 없다.

이제 만약 괴로움과 즐거움을 능히 버리고 중도(中道)[88]를 행한다면 마음이 곧 고요하고 안정되어 저 여덟 가지 바르고 거룩한 도를 닦아 낼 만하므로 나고 늙고 병들고 죽는 환난을 여읜다. 나는 이미 중도의 행을 따랐으므로 최상의 깨달음을 이룩할 수 있었다."

다섯 사람은 부처님의 이와 같은 말씀을 듣고 크게 기뻐하며 눈을 잠시도 떼지 않고 부처님의 존안을 우러러보았다.

부처님께서는 다섯 사람의 근기를 자세히 살펴 진리를 받을 만함을 아시고 말씀하셨다.

"교진여야, 너희들은 오음(五陰)이 치성해서 일어나

는 고통,[89] 늙는 고통, 병들고 죽는 고통, 사랑하는 이와 이별하는 고통, 원수라고 생각하는 사람과 같이 살지 않을 수 없는 고통, 구해서 얻지 못하는 고통, 영락을 잃는 고통을 알아야 한다.

교진여야, 형상 있는 것과 형상 없는 것, 발이 없는 것이나 발이 하나만 있는 것, 두 발이나 네 발 또는 여러 발 가진 일체중생들이 모두 이러한 고통을 지니지 않은 것이 없다.

재를 불 위에 덮었으나 마른 풀이 닿으면 다시 불이 타오르는 것처럼 이러한 여러 고통은 '나'로 말미암아 근본이 되므로 만약 어떤 중생이 조금이라도 '나'라는 생각을 일으키면 다시 이와 같은 고통을 받게 된다. 탐냄과 성냄, 그리고 어리석음은 모두가 다 '나'라는 근본을 인연하여 생기는 것이다.

또 이 세 가지 독은 모두 고통의 요인이니 마치 종자가 싹을 낼 수 있음과 같다. 중생들은 이렇게 해서 삼세를 바퀴 돌 듯하므로, 만약 '나'라는 생각과 탐내고 성내고 어리석음을 없애면 모든 고통도 다 이로부터 끊어지고 모두 팔정도를 원인으로 하지 않음이 없는 것이 마치 사람이 훨훨 타는 불에 물을 부음과 같다. 일체중생들은 모든 고통의 근본을 모르면 모두가 윤회하며 생사에 있게 된다.

교진여야, 괴로움(苦)[90]을 반드시 알아야 하며, 익힌

습(習)[91]은 끊어야 하며, 반드시 멸(滅)[92]을 증득해야 하며, 도(道)[93]는 마땅히 닦아야 한다.

교진여야, 나는 이미 괴로움을 알았고, 이미 습을 끊었고, 이미 멸함을 증득하였고, 이미 도를 닦았기 때문에 최상의 깨달음을 얻었다.

그러므로 너희는 이제 괴로움을 알고 습을 끊고 멸을 증득하고 도를 닦아야 하며, 만약 사람들이 네 가지 진리[四聖諦]를 알지 못하면 이 사람이야말로 해탈하지 못한 줄 알아야 한다.

네 가지 진리, 이것은 참되고 진실한 것이므로 괴로움은 진실로 이 괴로움이고, 습은 진실로 이 습이며, 멸함은 진실로 이 멸함이요, 도는 진실로 이 도로다.

교진여야, 너희들은 알겠는가? 모르겠는가?"

그러자 교진여는 대답하였다.

"이해하였습니다, 세존이시여. 알았습니다, 세존이시여."

이렇게 진리를 이해하고 알게 되었으므로, 그 때문에 그를 아야교진여(阿若憍陳如)[94]라고 하였다.

부처님께서 세 번이나 네 가지 진리 십이행(十二行)의 법륜을 굴리실 때[95]에, 아야교진여는 모든 법 가운데서 티끌을 멀리하고 더러움을 여의어 법안의 깨끗함[法眼淨][96]을 얻었으며, 그 때에 허공의 팔만 나유타(那由他)들도 역시 티끌과 더러움을 여의고 법안이 깨끗함을 얻었다.

그 때 지신(地神)은 부처님께서 그의 경계에서 법륜을 굴리심을 크게 기뻐하며 높은 소리로 부르짖었다.

"여래가 여기에서 미묘한 법륜을 굴리십니다."

그러자 허공의 천신이 이 말을 듣고 또한 크게 기뻐하며 큰소리로 더더욱 부르짖었다. 이렇게 해서 그 소리가 아가니타천에까지 이르렀는데, 모든 하늘들이 듣고 기뻐하며 높은 소리로 부르짖었다.

"여래는 오늘 바라나시 녹야원 가운데 선인이 살던 곳에서 대법륜을 굴리셨는데, 이는 일체 세간의 하늘과 사람, 악마와 범천, 사문과 바라문으로서는 굴릴 수 없는 것이었습니다."

그러자 대지는 열여덟 가지로 움직였고, 하늘 북이 저절로 울렸으며, 하늘과 용의 팔부는 공중에서 갖가지 풍악을 울리고 모든 이름 있는 향을 사르며, 여러 가지 아름다운 꽃을 뿌리고 보배 당기와 번기, 일산을 받치고 모두 노래하고 찬탄하여 세계가 자연히 크게 밝아졌다.

아야교진여는 제자들 중에서 맨 먼저 깨달았으므로 첫번째 제자가 되었다. 마하나마 등 네 사람은 부처님의 법륜 굴리심을 듣고 아야교진여 혼자 도의 자취를 깨닫자 '세존께서 만약 우리들을 위하여 다시 법을 말씀하시면 우리들도 역시 도의 자취를 깨칠 텐데'라고 생각하며 부처님의 얼굴을 우러러보면서 잠시도 눈을 떼지 않았다.

부처님께서는 네 사람의 생각을 아시고 즉시 거듭 그들을 위하여 자세히 네 가지 진리를 말씀하시니, 네 사람은 모든 법 가운데서 역시 티끌과 더러움을 여의고 법안의 깨끗함을 얻었다. 다섯 사람은 도의 자취를 보고 나서 부처님 발에 정례하고 부처님께 여쭈었다.

"세존이시여, 저희들 다섯 사람은 이미 도의 자취를 보고 이미 도의 자취를 증득하였습니다. 저희들은 이제 부처님의 법에 출가하여 수도하고자 합니다. 오직 원컨대 세존께서는 가엾이 여기시어 허락하여 주소서."

이에 부처님께서는 그 다섯 사람을 부르시면서 "잘했구나, 비구들이여" 하시니, 그들은 수염과 머리카락이 저절로 떨어지고 몸에 가사가 입혀지며 즉시 사문이 되었다.

부처님께서는 그 다섯 사람에게 물으셨다.

"그대 비구들이여, 형상〔色〕과 느낌〔受〕, 생각〔想〕, 행동〔行〕, 의식〔識〕[97]을 알되 이것이 항상함〔常〕이냐? 항상함이 아니냐? 이것은 괴로움〔苦〕이냐? 괴로움이 아니냐? 이것은 '공'〔空〕이냐? '공'이 아니냐? 이것은 '나'〔我〕가 있느냐? '나'가 없느냐?"

다섯 비구들은 부처님이 말씀하시는 이 다섯 가지 쌓임〔五陰〕[98]의 법을 듣자마자 번뇌가 다하고 뜻이 풀리어 아라한이 되었으며, 즉시 대답하였다.

"세존이시여, 형상과 느낌, 생각과 행동, 의식은 진실로 무상이요, 괴로움이요, '공'이요, '나'가 없나이다."

이에 세간에는 여섯 분의 아라한이 계시게 되었는데 부처님은 바로 불보(佛寶)가 되었고, 네 가지 진리의 법륜은 바로 법보(法寶)가 되었으며, 다섯 명의 아라한은 바로 승보(僧寶)가 되었으니, 모든 천상과 인간의 첫째가는 복전이 되었다.

과거현재인과경
제4권

야사의 귀의

　장자의 아들 야사(耶舍)는 총명하고 근기가 영리한 사람이었다. 염부제에서 첫째가는 큰 부자로서 영락을 걸치고 값을 칠 수 없을 만큼의 보배 신을 신고 있었다. 어느 날 한밤중에 여러 기녀들과 함께 재미있게 즐기고 나서 잠을 자던 중에 홀연히 잠에서 깨어나 여러 기녀들을 보았다. 기녀들은 엎드려 누워 자기도 하고 바로 누워 자기도 하는데, 머리카락은 쑥대강이처럼 흩어지고 침이 흘러나오며 악기와 의복의 장식은 거꾸로 되거나 이리저리 흩어져 있었다. 그것을 보자 그는 갑자기 싫증이 났다. '나는 이제껏 이 재난과 해괴한 가운데 있었고 깨끗하지 못한 데서 쓸데없이 깨끗하다는 생각을 내었구나.' 그가 이런 생각을 할 때 하늘의 힘으로 공중에서 광명이 비치며 문이 저절로 열렸으므로 그는 광명을 찾아 녹야원으로 가는 도중, 항하를 지나다가 큰소리로 부르짖었다.

"괴롭구나, 해괴하구나."

그 때 부처님께서 말씀하셨다.

"야사야, 아주 잘 왔다. 나에게 바로 이 괴로움을 여의는 법이 있다."

야사는 이 말씀을 듣자 금 값어치가 염부제 만큼이나 한 보배 신을 바로 벗어 버리고 강을 건너 부처님에게 나아갔다. 나아가 서른 두 가지 몸매〔32相〕와 여든 가지 잘생긴 모습〔80種好〕을 보니 얼굴 모습이 뛰어나고 거룩한 덕이 완전히 갖추어져 있으므로 크게 기뻐하며 온몸을 땅에 던져 부처님 발에 예배하였다.

"오직 원컨대 세존이시여. 저를 구제하소서."

그러자 부처님께서 말씀하셨다.

"장하구나, 선남자야. 자세히 듣고 잘 생각하여라. 여래는 곧 그 근기에 따라 법을 말한다. 야사야, 형상과 느낌, 생각과 행동, 의식은 무상하고 괴롭고 '공'하며 '나'가 없는데 너는 알고 있느냐?"

야사는 이 말을 듣자 즉시 모든 법에 티끌을 멀리하고 더러움을 여의어 법안의 깨끗함을 얻었다. 이에 부처님께서 거듭 네 가지 진리를 말씀하시자, 번뇌가 다하고 뜻이 풀리어 마음에 자재로움을 얻고 아라한의 과위를 이루고는 곧 부처님께 대답하였다.

"세존이시여. 형상과 느낌, 생각, 행동, 의식은 참으로 무상하고 괴롭고 '공'하며 '나'가 없습니다."
 그러자 부처님께서는 야사가 아직도 몸에 장신구를 달고 있음을 보시고 곧 게송으로 말씀하셨다.

비록 집에 살고 있으면서
보배의 장신구를 치장하더라도
모든 정근(情根)을 잘 잡아
오욕을 멀리해야 하나니
만약 이렇게 할 수 있는 이라면
바로 진실한 출가라 하리라.

비록 몸은 넓은 들판에 있으면서
거칠고 껄끄러운 옷을 입거나 먹더라도
뜻이 오히려 오욕을 탐하면
이것은 그릇된 출가라 하리라.

온갖 선함과 악을 지음은
모두가 마음과 생각에서 나나니
그러므로 진실한 출가라 함은
모두가 마음으로 근본을 삼는다.

야사는 부처님께서 말씀하신 이 게송을 듣고 나서 생

각하기를, '세존께서 이 게송을 말씀하신 까닭은 바로 내가 아직도 칠보 장식을 하고 있음을 뜻함이니, 이제 이와 같은 의복은 벗어 버려야겠다' 하고, 곧 부처님께 예배하고 아뢰었다.

"오직 원하오니, 세존께서는 저의 출가를 허락하소서."

부처님께서 말씀하셨다.

"잘 왔구나, 비구여."

그러자 야사는 수염과 머리카락이 저절로 떨어지고 가사가 몸에 입혀지며 곧 사문이 되었다.

한편 야사의 아버지는 날이 훤히 밝자 야사를 찾았으나 있는 데를 알 수 없자 크게 괴로워하며 슬피 울부짖었다. 그는 길을 따라 아들을 찾아가다가 강 가에 이르러 아들의 신을 보았다. '내 아들이 바로 이 길을 따라 떠나갔구나.' 그는 곧 그 발자국을 따라가다가 부처님의 처소에 닿았다.

그런데 부처님께서는 그가 아들 때문에 여기까지 왔으며, 만약 야사를 만나게 되면 반드시 괴로워하거나 죽게 될 것을 아시고, 곧 신통력으로 야사의 몸을 숨겨 버렸다. 그의 아버지는 곧 부처님께 이르러 땅에 엎드려 발에 예배하고 물러나 한쪽에 앉았다. 이에 부처님께서는 곧 그의 근기에 따라 그에게 법을 말씀하셨다.

"선남자여, 형상과 느낌, 생각과 행동, 의식은 무상하고 괴롭고 '공'하며 '내'가 없는 것인지 그대는 알고 있는가?"

야사의 아버지는 이 말씀을 듣자 즉시 모든 번뇌를 멀리하고 더러움을 여의어 법안의 깨끗함을 얻고 부처님께 대답하였다.

"세존이시여. 형상과 느낌, 생각과 행동, 의식은 참으로 무상하고 괴롭고 '공'하며 '내'가 없습니다."

그러자 부처님께서는 그가 벌써 도의 자취를 보게 되어 은혜와 사랑이 점차로 엷어짐을 아시고 물었다.

"그대는 무슨 일로 여기까지 왔는가?"

"저에게 아들 하나가 있는데 이름은 야사입니다. 어제 밤에 갑자기 없어졌으므로 오늘 아침에 찾다가 그의 값진 신이 강 가에 있음을 보고 발자국을 좇아 따라오다가 여기까지 이르게 되었습니다."

그 때 부처님께서 신통력을 거두어 그의 아버지가 곧 야사를 볼 수 있도록 하자, 그의 아버지는 크게 기뻐하며 야사에게 말하였다.

"장하고 장하다. 네가 여기에 있으니 참으로 반갑다. 이미 스스로 제도되었고 또한 남을 제도할 수 있게 되었구나. 또한 네가 지금 여기에 있었기 때문에 내가 와서 도의 자취를 볼 수 있게 되었구나."

그는 곧 부처님에게 향하여 삼자귀(三自歸=삼귀의)를 받았다. 이에 따라 염부제 안에서 오직 이 장자가 우바새(優婆塞)⁹⁹⁾가 되어 맨 처음으로 삼보에게 공양하게 되었다.

야사의 벗으로 오십 명의 장자 아들들이 있었는데, 부처님이 세상에 나오셨으며 야사가 부처님의 법 가운데에 출가하여 도를 닦는다는 소식을 들었다.

'세간에 지금 위없는 높으신 이가 계시는구나. 장자의 아들 야사가 총명하고 말을 잘하며 재주가 남보다 뛰어났는데도 오욕을 버리면서 형상을 무너뜨리고 의지를 가지고 사문이 되었다. 우리들이 이제 다시 무엇을 돌보고 그리워하여 출가를 하지 않겠느냐.'

이리하여 그들은 다 함께 부처님의 처소로 갔다. 그들은 멀리서 부처님의 상호가 특수하고 광명이 빛남을 보고 크게 기뻐하였으며 온몸이 맑고 상쾌해지면서 공경하는 뜻이 더욱 더하였다. 곧 부처님께 다가가 합장하여 돌고 땅에 엎드려 발에 예배하는데, 여러 장자의 아들들은 전생에 덕의 근본을 심어서 총명하고 통달하여 쉬이 깨치겠으므로, 부처님께서는 곧 알맞게 그들을 위하여 법을 말씀하셨다.

"선남자들아. 형상과 느낌, 생각과 행동, 의식은 무상하고 괴롭고 '공'하며 '내'가 없는데, 너희들은 알고 있는가?"

그러자 여러 장자의 아들들은 모든 법에 티끌을 멀리하고 더러움을 여의어 법안의 깨끗함을 얻고 곧 부처님게 대답하였다.

"세존이시여. 형상과 느낌, 생각과 행동, 의식은 참으로 무상하고 괴롭고 '공'하며 '내'가 없습니다. 오직 원컨대, 세존께서는 저희들의 출가를 허락하소서."

부처님께서 말씀하셨다.

"잘 왔구나, 비구들아."

그러자 그들은 수염과 머리카락이 저절로 떨어지고 가사가 몸에 입혀지며 곧 사문이 되었다.

부처님께서는 또 그들을 위하여 널리 사제(四諦)를 말씀하시니, 오십 명의 비구들은 번뇌가 다하고 뜻이 풀리어 아라한과를 얻었다. 이렇게 해서 비로소 오십육 명의 아라한이 있게 되었다.

이 때 부처님께서는 비구들에게 말씀하셨다.

"너희들은 할 일을 다 마쳤으니 세간을 위하여 으뜸가는 복전을 지을 만하다. 각기 저마다 다른 곳으로 다니면서 교화하여 자비심으로 중생들을 제도해야 한다. 나도 이제 역시 혼자 마가다의 사위성 안에 가서 여러 중생들을 제도하겠다."

그러자 비구들은 "그렇게 하겠습니다, 세존이시여" 하고, 땅에 엎드려 발에 예배하고 저마다 의발을 가지고 작별하였다.

가섭 삼형제의 귀의

부처님께서 생각하셨다.

'이제 어떠한 중생을 제도하면 널리 일체 인간과 천상을 이롭게 할 수 있을까. 오직 우루빌라 가섭의 삼형제가 있구나. 마가다국에서 선인의 도를 배우는데 국왕과 대신과 백성들이 모두 다 그들에게 귀의하며 믿고 있지 않은가. 또 그들은 총명하여 근기가 영리하므로 쉽게 깨우칠 것이다. 그러나 그들의 아만 역시 절복시키기 어려우므로, 이제 가서 제도 해탈시키리라.'

부처님께서는 즉시 바라나시를 출발하여 마가다국으로 가셨는데, 해가 저물어서야 우루빌라 가섭이 살고 있는 곳에 이르셨다.

가섭은 부처님을 보자 문득 그 상호가 장엄함을 보고 크게 기뻐하면서 말하였다.

"젊은 사문께서는 어디서 오셨습니까?"

부처님께서 대답하셨다.

"나는 바라나시에서 마가다국으로 가는 도중인데 날이 저물었으니 하룻밤 묵고 싶습니다."

"묵으시는 것을 반대하는 것은 아니나, 다만 여러 방사에는 모든 제자들이 머물고 있습니다. 오직 석실이 있는데 내가 섬기는 불(火)의 도구들이 모두 그 안에 있습니다. 그러나 극히 깨끗하며 또 고요하므로 머무실 수는 있습니다. 다만 악룡이 그 속에 살고 있으므로 그대를 해칠까 두려워할 뿐입니다."

"악룡이 있다 하더라도 다만 빌리기나 합시다."

"용의 성질이 흉악하고 사나와서 반드시 그대를 해칠 것 같습니다. 이는 아까워서가 아닙니다."

"다만 빌려주시기나 하십시오. 반드시 욕됨은 없을 것입니다."

"만약 머물 수 있다면 뜻대로 하십시오."

"좋습니다."

부처님께서는 곧 저녁에 석실에 들어가 가부좌를 하고 삼매에 들었다.

그 때 나쁜 용은 독한 마음이 차츰 성해져 온몸에서 연기를 내뿜었다. 부처님께서 곧 화광(火光) 삼매에 드시므로 용은 이를 보고 나서 하늘을 찌를 듯이 높이 불길을 뿜어 석실이 불에 탔다.

가섭의 제자들이 먼저 이 불을 보고 돌아와 스승에게 아뢰었다.

"나이 젊은 사문은 총명하고 단정하였는데, 이제 용의 불에 타 해를 당한 것 같습니다."

가섭은 놀라 일어나서 그 용의 불을 보고 마음으로 슬퍼하며 가여움을 품고 곧 제자들에게 명하여 물을 퍼붓게 하였으나 불은 꺼지지 않고 더욱 훨훨 타서 마침내 석실이 녹아 없어졌다.

　그러나 부처님께서는 몸과 마음이 부동하고 얼굴 빛이 태연한 채 그 악룡을 항복시키고는 다시는 독이 없게 하고 삼귀의를 주어서 바루 안에 넣어 두었다.

　날이 밝자 가섭과 제자들은 모두 부처님께 나아갔다.
　"용의 불길이 사납게 일어났는데 젊은 사문께서는 상처를 입지나 않으셨습니까? 사문께서 어제 석실을 빌리려 할 때 내가 드리지 않은 것은 바로 그 때문이었습니다."
　"내 속이 청정하여 결국 바깥의 재앙에 해를 당하지 않았습니다. 그 독룡은 이제 바루 안에 있습니다."

　부처님께서 말씀하시고 바루를 들어 가섭에게 보이자, 가섭과 제자들은 사문이 불에 타지 않았을 뿐만 아니라 악룡을 항복시켜 바루 속에 넣어 두었음을 보고 이전에 없던 일이라 찬탄하였다. 그러나 가섭은 제자들에게 이렇게 말하였다.
　"젊은 사문이 비록 신통이 있다 해도 원래 나의 참된 도만은 못하리라."

　그 때 부처님께서 가섭에게 말씀하셨다.
　"나는 이제 이 곳에 머물고 싶습니다."
　"좋습니다. 뜻대로 하십시오."
　이리하여 부처님께서는 그 곳에 머무르시게 되었다. 이틀째 밤에 부처님께서 한 나무 아래 앉아 계시자, 사천왕이 밤에 부처님의 처소에 와서 법을 들으며 저마다 광명을 놓아 비추니 해와 달보다 더 밝았다. 가섭이 밤에 일어나서 멀리 하늘의 광명이 부처님 쪽에 있음을 보고 제자들에게 말하였다.

"젊은 사문도 불을 섬기는구나."

다음날 아침이 되자 가섭은 부처님께 가서 물었다.

"사문이여, 당신도 불을 섬기십니까?"

"아닙니다. 사천왕이 밤에 와서 법을 들었는데, 그 광명이었을 뿐입니다."

이에 가섭은 제자들에게 말하기를, "젊은 사문이 크고도 거룩한 덕이 있구나. 그러나 원래 나의 참된 도만은 못하리라" 하였다.

사흘째 밤에는 제석천이 내려와서 법을 들으며 큰 광명을 놓자 마치 해가 처음 돋는 것과 같았는데, 가섭의 제자들이 멀리 하늘의 광명이 부처님 쪽에 있음을 보고 스승에게 여쭈었다.

"젊은 사문이 틀림없이 불을 섬기고 있습니다."

다음날 아침이 되어 가섭은 부처님의 처소에 나아가 다시 물었다.

"당신은 틀림없이 불을 섬기십니다."

부처님께서 말씀하셨다.

"아닙니다. 제석천이 내려와서 법을 들었었는데, 바로 그 광명이었을 뿐입니다."

그러자 가섭은 제자들에게 말하였다.
"젊은 사문의 거룩한 큰 덕이 비록 뛰어났다 해도, 그러나 원래 나의 참된 도만은 못하리라."

나흘째 밤에는 대범천왕이 내려와서 법을 들으면서 큰 광명을 놓음이 마치 해가 한낮인 것과 같았는데, 가섭은 밤에 일어나 광명이 부처님 쪽에 있음을 보고 "사문은 반드시 불을 섬기리라" 하였다.

그는 다음날에도 부처님께 말했다.

"당신은 틀림없이 불을 섬기십니다."

부처님께서 말씀하셨다.

"아닙니다. 대범천왕이 밤에 내려와서 법을 들었는데 바로 그 광명이었을 뿐입니다."

이에 가섭은 생각하기를, '젊은 사문이 비록 신령스럽고 미묘하다 해도, 그러나 원래 나의 참된 도만 하지는 못하리라'고 하였다.

가섭의 오백 제자들은 저마다 세 가지 불[三火]을 섬기고 있었다. 새벽에 모두 불을 피우려 하였는데 불이 타지 않았으므로 이 일을 가섭에게 말하였다. 가섭은 '이는 반드시 사문의 소행일 것이다' 하고, 곧 제자들과 함께 부처님께 가서 여쭈었다.

"나의 제자들은 저마다 세 가지 불을 섬기는데 아침에 불을 피우려고 하는데도 불이 타지 않습니다."

부처님께서 곧 대답을 하셨다.

"당신은 돌아가십시오. 불은 저절로 탈 것입니다."

가섭이 즉시 돌아와 보니 과연 불이 이미 타고 있었다. '젊은 사문이 비록 신령스럽고 미묘하다 해도 그러나 원래 나의 참된 도만 하지는 못하리라.' 그는 여전히 그렇게 생각하였다.

여러 제자들이 불에 공양하기를 마치고 끄려고 하였는데 꺼지지를 않았다. 곧 가섭에게 이 일을 말하자 가섭은 생각하기를 '이것 역시 사문의 소행이리라' 하고, 곧 제자들과 함께 부처님께 와서 여쭈었다.

"나의 제자들이 아침에 불을 끄려 하는데 불이 꺼지지 않습니다."

부처님께서 곧 대답하셨다.

"당신은 돌아가십시오. 불은 저절로 꺼질 것입니다."

가섭이 즉시 돌아와 보니 불이 이미 꺼져 있었다. 그는 다시 생각하였다. '젊은 사문이 비록 신령스럽고 미묘하다 해도 그러나 원래 나의 도에는 미치지 못하리라.'

가섭 자신도 세 가지 불을 섬겼으므로 새벽에 불을 피우려 하였는데 불이 타지 않았다. 그는 곧 생각하기를 '이것 역시 반드시 이 사문의 소행이리라' 하고, 곧 부처님께 가서 여쭈었다.

"내가 아침에 불을 피우려 하는데 타지 않습니다."

부처님께서 곧 대답하셨다.

"당신은 돌아가십시오. 불은 저절로 탈 것입니다."

가섭이 즉시 돌아와 보니 불은 이미 타고 있었다. '젊은 사문이 비록 또한 신령스럽고 미묘하다 하더라도, 그러나 원래 나의 참된 도만은 못하리라.'

가섭이 불에 공양하기를 마치고 끄려고 하였는데 끌 수가 없었다. 그는 '이는 반드시 사문의 소행이리라' 하고, 곧 부처님께 가서 여쭈었다.

"내가 아침에 불을 피웠다가 이제 끄려고 하는데 꺼지지를 않습니다."

부처님께서 곧 대답하셨다.

"당신은 돌아가십시오. 불은 저절로 꺼졌을 것입니다."

가섭이 즉시 돌아와 과연 불이 이미 꺼졌음을 보고 생각하였다. '젊은 사문이 비록 또 신령스럽고 미묘하다 해도 그러나 원래 나의 참된 도만은 못하리라.'

또 가섭의 제자들이 새벽에 장작을 패는데 도끼가 올라가지 않으므로 곧 가섭에게 가서 이 일을 말하자, 가섭은 생각하기를 '이는 반드시 또 이 사문의 소행일 것이다' 하고, 곧 제자들과 함께 부처님께 와서 여쭈었다.

"제자들이 아침에 장작을 패려는데 도끼가 올라가지 않습니다."

부처님께서 곧 대답하셨다.

"당신은 돌아가십시오. 도끼는 저절로 들어올려질 것

입니다."

가섭이 즉시 돌아와 보니 여러 제자들의 도끼가 모두 들어올려져 있었다. '젊은 사문이 비록 또 신령스럽고 미묘하다 해도 그러나 원래 나의 참된 도만 못하리라.'

가섭의 제자들은 곧 도끼를 들어올릴 수는 있었으나 다시 내릴 수는 없었으므로 다시 가섭에게 이 일을 말하였다. '이것 역시 이 사문의 소행이구나.' 가섭은 즉시 제자들과 함께 부처님께 와서 여쭈었다.

"제자들이 아침에 장작을 패는데 도끼는 들어올려졌지만 다시 내려오지를 않습니다."

부처님께서 곧 대답하셨다.

"당신은 돌아가십시오. 도끼가 내려질 것입니다."

가섭이 돌아와 보니 제자들의 도끼가 모두 내려져 있었다. 그는 다시 생각하였다. '젊은 사문이 비록 또 신령스럽고 미묘하다 해도 그러나 원래 나의 참된 도만 못하리라.'

가섭이 아침에 스스로 장작을 패려 하는데 도끼가 올라가지 않았다. '이것 역시 이 사문의 소행일 것이리라' 하고, 그는 곧 부처님께 나아가 여쭈었다.

"아침에 장작을 패는데 도끼가 올려지지 않습니다."

부처님께서 곧 대답하셨다.

"당신은 돌아가십시오. 도끼는 저절로 올려질 것입니다."

과거현재인과경

가섭이 돌아왔더니 도끼가 바로 들어올려졌다. 그러나 그는 '젊은 사문이 비록 또 신령스럽고 미묘하다 해도 그러나 원래 나의 참된 도만 못하리라'고 생각하였다.

그런데 도끼가 올려지고 나서 또 내려오지 않으므로 그는 생각하기를 '이것 역시 이 사문의 소행일 것이다' 하고, 곧 부처님께 나아가 여쭈었다.

"도끼가 올려지기는 하였으나 다시 내려오지 않습니다."

부처님께서 곧 대답하셨다.

"당신은 돌아가십시오. 도끼는 저절로 내려질 것입니다."

가섭이 즉시 돌아왔더니 도끼가 곧 내려졌다. 그러나 그는 여전히 '젊은 사문이 비록 또 신령스럽고 미묘하다 해도 원래 나의 참된 도만 못하리라'고 하였다.

가섭은 바로 부처님께 여쭈었다.

"젊은 사문은 여기에 머물면서 함께 맑은 행을 닦읍시다. 방사와 옷이며 음식은 내가 모두 드리겠습니다."

부처님께서 잠자코 계시자 가섭은 부처님께서 허락하심을 알고 자신이 머무는 데로 돌아가서 곧 명하였다.

"날마다 좋은 음식을 마련하고 아울러 평상 자리도 베풀도록 하라."

다음날 식사 때가 되어 가섭이 스스로 가서 부처님을 청하였더니, 부처님께서 말씀하셨다.
"당신이 가시면 나는 뒤따라 가겠습니다."
가섭이 떠나자마자, 부처님께서는 잠깐 사이에 염부제(閻浮提)[100]에 이르러 염부 열매를 따서 바루에 가득히 채우시고는 가섭이 아직 닿기 전에 그의 처소에 도착하였다. 가섭은 뒤에 와서 부처님께서 이미 먼저 앉아 계심을 보고 물었다.
"젊은 사문은 어느 길로 오셨기에 먼저 여기에 닿으셨습니까?"
그러자 부처님께서는 바루에 가득한 염부 열매를 가섭에게 보이면서 말씀하셨다.
"당신은 지금 이 바루 속의 열매를 알고 계십니까?"
"이런 열매는 모릅니다."
"여기로부터 남쪽으로 수만 요자나를 가면 거기에 하나의 주(洲)가 있고 그 위에 나무가 있는데 이름이 염부(閻浮)입니다. 이 나무가 있음으로 해서 염부주라 하는 것입니다. 이 바루에 든 것은 바로 그 과일인데 잠깐 동안에 이 과일을 가지고 왔습니다. 아주 향기롭고 맛이 있으니 드십시오."
이에 가섭은 생각하기를, '그 길이 여기에서 극히 멀고 멀거늘, 이 사문은 잠깐 동안에 벌써 갔다 왔구나. 신통 변화가 퍽 빠르기는 하되, 그러나 나의 참된 도만은 못하리라'고 하였다.
 가섭이 여러 가지 음식을 내놓자, 부처님께서 곧 기원을 하셨다.

 바라문의 법 가운데에서는
 불을 받들어 섬김이 으뜸이 되고
 온갖 물의 흐름 가운데에서는
 큰 바다가 그 으뜸이 된다.

 모든 별 가운데에서는
 달빛이 그 으뜸이 되고
 온갖 광명 가운데에서는
 해의 비춤이 그 으뜸이 된다.

 모든 복전 가운데에서는
 부처님의 복전이 으뜸이 되고
 만약 큰 과보를 구하려 하면
 부처님의 복전에 공양해야 한다.

 부처님은 잡수시고 나서 다시 계신 데로 돌아가 바루를 씻고 양치질을 하고 나무 아래 앉아 계셨다.
 다음날 식사 때에 가섭이 다시 가서 부처님을 청하자, 부처님께서 말씀하셨다.

"먼저 가십시오. 나는 뒤따라 가겠습니다."

가섭이 떠나자마자, 잠깐 사이에 부처님께서는 곧 불파제(弗婆提)[101]에 이르러 암마라 열매를 따서 바루에 가득히 채우시고는 가섭이 아직 닿기 전에 그의 처소에 먼저 도착하셨다. 가섭이 뒤에 와서 부처님이 벌써 앉아 계심을 보고 곧 물었다.

"젊은 사문은 어느 길로 오셨기에 먼저 여기에 닿으셨습니까?"

그러자 부처님께서는 바루 안의 암마라 과일을 가섭에게 보이면서 말씀하셨다.

"당신은 이 바루 속의 과일을 알고 계십니까?"

"이런 과일은 모릅니다."

"여기서부터 서쪽으로 수만 요자나 떨어진 불파제에 가서 이 과일을 가지고 왔는데, 이름은 암마라라 합니다. 극히 향기롭고 맛이 있으니 드십시오."

가섭은 생각하였다. '그곳은 여기에서 극히 멀고 멀거늘, 이 사문은 잠깐 동안에 벌써 갔다 왔구나. 그의 신통은 전에 없던 일이기는 하되, 그러나 나의 참된 도만은 못하리라.'

가섭이 여러 가지 음식을 내어놓자, 부처님께서는 곧 기원을 하셨다.

바라문의 법 가운데에서는

불을 받들어 섬김이 으뜸이 되고
온갖 물의 흐름 가운데에서는
큰 바다가 그 으뜸이 된다.

모든 별 가운데에서는
달빛이 그 으뜸이 되고
온갖 광명 가운데에서는
해의 비춤이 그 으뜸이 된다.

모든 복전 가운데에서는
부처님의 복전이 으뜸이 되고
만약 큰 과보를 구하려 하면
부처님의 복전에 공양해야 한다.

부처님은 식사를 마치고 다시 계신 처소로 가서 바루를 씻고 양치질을 하고 나무 아래 앉아 계셨다.
 다음날 식사 때에 가섭이 다시 가서 부처님을 청하자, 부처님께서 말씀하셨다.
 "먼저 가십시오. 나는 뒤따라 가겠습니다."
 가섭이 떠나자마자 잠깐 사이에 부처님께서는 곧 구타니(瞿陀尼)[102]에 이르러 아리늑 열매를 따서 바루에 가득히 채우시고는 가섭이 아직 닿기 전에 그의 처소에 먼저 도착하셨다. 가섭이 뒤에 와서 부처님이 벌써 앉아 계심을 보고 곧 물었다.

"젊은 사문은 어느 길로 오셨기에 먼저 여기에 닿으셨습니까?"

부처님께서는 바루 안의 아리늑 과일을 가섭에게 보이면서 말씀하셨다.

"당신은 이 바루 속의 과일을 알고 계십니까?"

"이런 과일은 모릅니다."

"여기서부터 서쪽으로 수만 요자나 떨어진 구타니에서 이 과일을 가지고 왔는데, 이름은 아리늑 과일이라 합니다. 극히 향기롭고 맛이 있으니 드십시오."

가섭은 이 말을 듣고 생각하였다. '그곳은 여기에서 극히 멀고 멀거늘, 이 사문은 잠깐 동안에 벌써 갔다 왔구나. 그의 신통을 보면 전에 없던 일이기는 하되, 그러나 나의 참된 도만은 못하리라.'

가섭이 여러 가지 음식을 내어놓자 부처님께서는 곧 기원을 하셨다.

바라문의 법 가운데에서는
불을 받들어 섬김이 으뜸이 되고
온갖 물의 흐름 가운데에서는
큰 바다가 그 으뜸이 된다.

모든 별 가운데에서는

달빛이 그 으뜸이 되고
온갖 광명 가운데에서는
해의 비춤이 그 으뜸이 된다.

모든 복전 가운데에서는
부처님의 복전이 으뜸이 되고
만약 큰 과보를 구하려 하면
부처님의 복전에 공양해야 한다.

  부처님은 공양을 마치고 다시 계신 처소로 가서 바루를 씻고 양치질을 하고 나무 아래 앉아 계셨다.
  다음날 식사 때에 가섭은 다시 가서 부처님을 청하였다. 그러자 부처님께서 말씀하셨다.
  "먼저 가십시오. 나는 뒤따라 가겠습니다."
  가섭이 떠나자마자 잠깐 사이에 부처님께서는 곧 울단월(鬱單越)[103]에 이르러 저절로 된 멥쌀밥을 바루에 가득히 채워가지고 가섭이 아직 닿기 전에 그의 처소에 먼저 도착하셨다. 가섭이 뒤에 와서 부처님이 벌써 앉아 계심을 보고 곧 물었다.
  "젊은 사문은 어느 길로 오셨기에 먼저 여기에 닿으셨습니까?"
  부처님께서는 바루 안의 멥쌀밥을 가섭에게 보이면서 말씀하셨다.

"당신은 이 바루 속의 밥을 알고 계십니까?"

"이런 과일은 모릅니다."

"여기서부터 서쪽으로 수만 요자나 떨어진 울단월에 가서 저절로 된 멥쌀밥을 가지고 왔습니다. 극히 향기롭고 맛이 있으니 드십시오."

가섭은 생각하였다. '그곳은 여기에서 극히 멀고 멀거늘, 이 사문은 잠깐 동안에 벌써 갔다 왔구나. 그의 신통을 보면 전에 없던 일이기는 하되, 그러나 나의 참된 도만은 못하리라.'

가섭이 여러 가지 음식을 내놓자 부처님께서는 곧 기원을 하셨다.

바라문의 법 가운데에서는
불을 받들어 섬김이 으뜸이 되고
온갖 물의 흐름 가운데에서는
큰 바다가 그 으뜸이 된다.

모든 별 가운데에서는
달빛이 그 으뜸이 되고
온갖 광명 가운데에서는
해의 비춤이 그 으뜸이 된다.

모든 복전 가운데에서는

부처님의 복전이 으뜸이 되고
만약 큰 과보를 구하려 하면
부처님의 복전에 공양해야 한다.

부처님은 식사를 마치고 다시 계신 처소로 가서 바루를 씻고 양치질을 하고 나무 아래 앉아 계셨다.
다음날 식사 때에 가섭이 다시 가서 부처님을 청하자 부처님께서는 "좋습니다" 하고, 곧 함께 그의 처소에 가셨다. 그 집에 이르자 여러 가지 음식을 내놓으므로 부처님께서는 곧 기원을 하셨다.

바라문의 법 가운데에서는
불을 받들어 섬김이 으뜸이 되고
온갖 물의 흐름 가운데에서는
큰 바다가 그 으뜸이 된다.

모든 별 가운데에서는
달빛이 그 으뜸이 되고
온갖 광명 가운데에서는
해의 비춤이 그 으뜸이 된다.

모든 복전 가운데에서는
부처님의 복전이 으뜸이 되고

만약 큰 과보를 구하려 하면
부처님의 복전에 공양해야 한다.

부처님께서는 기원을 마치자 곧 공양을 가지고 혼자 나무 아래로 돌아가셨다. 공양을 드시고 나서 '물이 필요하구나'라고 생각하시니 제석천이 곧 부처님의 뜻을 알고, 마치 큰 장사가 팔을 굽혔다 펼 동안에 하늘로부터 내려와 부처님께 이르렀다.

그는 땅에 엎드려 부처님 발에 예배하고 곧 손으로 땅을 가리켜 못을 만들었는데, 그 물이 깨끗하여 여덟 가지의 공덕이 갖추어져 있었으므로, 부처님께서는 곧 그 물로 손을 씻고 양치질을 하고 제석천을 위하여 갖가지 법을 말씀하셨다.

제석천은 법을 듣고 나서 몹시 기뻐하며 홀연히 천궁으로 돌아갔다.

그 무렵 가섭은 점심 식사 뒤에 숲 사이를 거닐며 다니다가 '젊은 사문이 오늘 공양을 가지고 나무 아래로 갔는데 그 곳에 가봐야겠다' 하고 곧 부처님께 갔다가 홀연히 나무 옆에 큰 못이 있음을 보았다. 그 샘물은 맑고 맑아 여덟 가지 공덕을 갖추고 있으므로 그는 이상하게 여기면서 부처님께 물었다.

"여기에 어떻게 갑자기 이런 못이 생겼습니까?"
부처님께서 곧 대답하셨다.

"아침에 당신에게 공양을 받아 이곳에 와서 식사를 한 뒤 손을 씻고 양치질하며 바루를 씻으려고 '물이 필요하구나' 하였더니, 제석천이 나의 뜻을 알고 천상에서 내려와 손으로 땅을 가리켜 이 못을 만들었습니다."

가섭은 못의 물을 보고, 다시 부처님의 말씀을 듣고 생각하기를, '젊은 사문이 크고 거룩한 덕이 있어서 이렇게 하늘의 상서까지 감응하게 되었구나. 그러나 나의 참된 도만은 못하리라'고 하였다.

며칠 뒤 부처님께서는 숲 사이를 거니시다가 쓰레기 속에 해진 베들이 있음을 보시고 주워 깨끗이 빨려고 하셨다. 그 때 '돌이 필요하구나'라고 생각하시자, 제석천이 곧 부처님의 뜻을 알고 마치 큰 장사가 팔을 굽혔다 펼 동안에 향산 위에 가서 네모난 돌을 가져다 나무와 나무 사이에 놓아두면서 부처님께 아뢰었다.

"돌 위에서 옷을 빠십시오."

부처님께서 다시 '이제는 물이 있어야 하겠는데'라고 생각하시니, 제석천은 또 향산에 가서 큰 돌로 된 통에 깨끗한 물을 담아다가 네모난 돌 곁에 놓아두었다. 제석천은 할 일을 마치자 홀연히 천궁으로 돌아갔다.

부처님께서는 빨래를 하신 뒤에 나무 아래로 돌아가서 앉아 계시는데 가섭이 부처님께 왔다. 그는 나무 사이에 갑자기 네모난 돌과 큰 돌통이 생긴 것을 보고 '여기에 어떻게 이런 두 가지 물건이 있었을까?' 하고 마음 속 깊이 놀라고 이상한 생각이 들어 부처님께 물었다.

"젊은 사문이여, 이 숲에 네모난 돌과 큰 돌로 된 통이 있는데, 어디에서 난 것입니까."

이에 부처님께서 대답하셨다.

"내가 아까 거닐다가 땅에 떨어진 해진 베를 보고 가져다 빨려고 하면서 마음으로 '이러이러한 것이 필요하구나'라고 생각하니까, 제석천이 나의 이 뜻을 알고 곧 향산으로 가서 이런 것을 가지고 왔습니다."

가섭은 듣고 나서 전에 없던 일이라 찬탄하면서도 생각하기를, '젊은 사문이 비록 이와 같은 대신력이 있어서 여러 하늘들이 감응한다 해도, 그러나 원래 나의 도의 참됨만은 못하리라'고 하였다.

또 어느 날에는 부처님께서 제석천이 땅을 가리켜 이루어진 못에 들어가서 손수 목욕을 하셨는데, 목욕을 다하시자 '나가려 하는데 잡을 것이 없구나'라고 생각하셨다. 못 위에 가라가라는 나무가 울창하게 서서 못을 내려다보고 있었는데, 나무의 신이 곧 이 나뭇가지를 내려서 부처님께서 그 나뭇가지를 잡고 나오시도록 하였으므로 부처님께서는 편안히 돌아와 나무 아래에 앉아 계셨다.

가섭이 부처님께 왔다가 홀연히 나뭇가지가 굽고 늘어져 있음을 보고 이상하게 여겼다.

"이 나무는 어찌하여 가지가 굽고 늘어져 있습니까?"

부처님께서 곧 대답하셨다.

"내가 아까 못에 들어가 목욕을 하였습니다. 나오려는데 잡을 것이 없더니, 나무의 신이 감응하여 나를 위해 이렇듯 가지를 굽어지게 하였습니다."

이에 가섭은 굽은 나뭇가지를 보고 부처님의 말씀까지 듣고는 전에 없던 일이라 찬탄하였다. 그러면서도 그는 여전히 '젊은 사문이 이러한 대위덕력이 있어서 능히 나무의 신을 감응하게 하지만 그러나 원래 나의 참된 도만은 못하리라'고 생각하였다.

며칠 뒤에 가섭은 걱정이 생겼다.

'내일 마가다 국왕과 여러 신하와 백성, 바라문, 장자, 거사 등이 나에게 와서 이레 동안 모임을 열 텐데, 젊은 사문이 만약 여기에 있으면 국왕과 신하, 백성들, 그리고 바라문과 장자, 거사 등이 그의 상호와 신통이며 위덕력을 보고는 반드시 나를 버리고 그를 받들어 섬기리라. 이 사문이 이레 동안만은 내 처소에 있지 말았으면……'

부처님께서는 곧 그의 뜻을 아시고는 곧 북쪽의 울단월에 가셔서 이레 밤낮을 거기에 머물면서 나타나지 않으셨다.

이레가 지나 집회가 끝나고 국왕이 작별하고 떠나갔다. 그러자 가섭은 생각하기를, '젊은 사문이 이레가 가

깝도록 내게 오지 않았으니 잘되었고 반갑다. 이제 집회에서 남은 음식으로 공양을 하고 싶은데, 그가 만약 오면 잠자리 또한 편하게 해주고 싶다'라고 하였다. 이에 부처님께서는 곧 그의 뜻을 아시고 마치 장사가 팔을 한 번 굽혔다 펼 사이에 울단월로부터 그의 앞에 와 이르셨다.

가섭은 부처님께서 갑자기 나타나시자 크게 놀라고 기뻐하면서 여쭈었다.

"당신은 근 이레 동안이나 어디를 다니셨기에 만나지를 못하였습니까?"

부처님께서 곧 대답하셨다.

"마가다왕과 여러 신하와 백성들, 그리고 바라문, 장자, 거사들이 이레 동안 모이는데 당신이 나를 보고 싶어 하지 않기에 북쪽 울단월로 가서 당신을 피하였을 뿐입니다. 또 당신이 이제 내가 왔으면 하고 생각하기에 일부러 왔습니다."

가섭은 부처님이 하시는 말씀을 듣고 머리털이 곤두설 만큼 놀랐으나 곧 '젊은 사문이 나의 뜻을 아는구나. 매우 기특하다. 그러나 원래 나의 도의 참됨만은 못하리라'고 생각하였다.

그 뒤 어느 날 부처님께서는 '우루빌바 가섭의 근기가 점차 성숙하였으니, 지금이야말로 바로 조복할 때로구나' 하고 생각하시고, 곧 니련선하의 강변에 이르렀다.

이 때 마왕이 부처님께 와서 아뢰었다.

"세존이시여, 지금이야말로 열반하실 때입니다. 선서(善逝)시여, 지금이야말로 열반하실 때입니다. 왜냐하면 제도해야 할 이들이 모두 해탈하였기 때문이니, 지금이야말로 바로 열반하실 때입니다."

이렇게 세 번을 청하므로 부처님께서는 마왕에게 대답하셨다.

"아직은 열반할 때가 아니다. 왜냐하면 나의 사부(四部) 대중인 비구, 비구니, 우바새, 우바이가 아직은 두루 갖추어지지 못하였고, 제도해야 할 이들이 아직 끝나지 못하였으며, 여러 외도들을 아직은 다 항복시키지 못하였기 때문이다."

이렇게 역시 세 번을 대답하시자, 마왕은 마음에 근심과 괴로움을 품으며 곧 천궁으로 돌아갔다.

부처님께서는 곧 니련선하에 들어가 신통력으로 물을 양쪽으로 열리게 하셨다. 부처님께서 걸으실 때마다 먼지가 일어나고 양쪽의 물이 모두 솟구쳐 일어나자, 가섭이 멀리서 보고 부처님이 물에 빠지는 줄 여겨 곧 제자들과 함께 배를 타고 강변에 이르니, 부처님이 가시는 곳은 모두 먼지가 일고 있음을 보고는 있기 드문 일임을 찬탄하였다. 그리고 생각하기를, '나의 젊은 사문이 비록 이와 같은 신통력이 있다 해도, 그러나 원래 나의 도의 참됨만은 못하리라'고 하였다. 가섭은 곧 부처님께 물었다.
"젊은 사문은 배에 오르시겠습니까?"
부처님께서 말씀하셨다.
"참, 그렇게 하겠습니다."
이 말과 함께 부처님께서는 곧 신통력으로 배 밑을 뚫고 들어가서 결가부좌를 하셨는데, 가섭은 부처님이 배 밑으로부터 들어왔는데도 배 밑바닥에 뚫린 구멍이 없음을 보고는 있기 힘든 일이라 찬탄하였다. 그러나 '젊은 사문이 이와 같이 자재로운 신통력이 있기는 하지만 원래 내가 얻은 참된 아라한[104]만은 못하리라'고 생각하였다.
그 때 부처님께서 바로 말씀하셨다.
"가섭이여, 당신은 아라한이 아니오. 또 아라한향(阿羅漢向)[105]도 아닙니다. 당신은 지금 무엇 때문에 큰 아만을 내는 것이오?"
가섭은 이같은 말씀을 듣자 부끄럽고 두려워지며 털끝이 곤두섰다. 가섭은 '젊은 사문이 나의 마음을 잘 아는구나' 하고 즉시 부처님께 아뢰었다.
"그렇습니다, 사문이시여. 그렇습니다, 대선인이시여. 저의 마음을 잘 아십니다. 오직 원컨대 큰 선인이시여, 저를 거두어 주십시오."
부처님께서는 곧 대답하셨다.

"그대는 이미 나이가 늙어서 백이십 살이요 많은 제자와 권속들이 있으며, 또 국왕과 신하며 백성들의 공경을 받고 있습니다. 만약 나의 법에 결단코 들어오고 싶다면 먼저 제자들과 함께 깊이 생각하여 여러 번 의논하십시오."

가섭은 대답하였다.

"훌륭하십니다. 대선인의 말씀대로 하겠습니다. 그러나 돌아가서 제자들과 의논은 하겠습니다만, 제 마음은 결정되었습니다."

가섭은 이 말을 마치자 즉시 본래 있던 처소로 돌아가 모든 제자들을 모아 놓고 말하였다.

"젊은 사문께서 여기에 머무신 이래로 그의 여러 가지 신통 변화를 보았지만 극히 기특하고 지혜가 심원하며 성품도 편안하고 차분하셨다. 나는 이제 곧 그의 법에 귀의하는데 그대들은 어떻게 하겠느냐?"

제자들이 대답하였다.

"저희들이 아는 바가 모두 존자(尊者)의 은혜이옵니다. 젊으신 사문을 이미 존자께서 귀의하고 믿고 계시는데 어찌 거짓이 있겠습니까. 저희들 역시 여러 가지 기이함이 있음을 보았는데, 존자께서 만약 반드시 그의 법을 받으려 하신다면 저희들도 따라서 귀의하게 하소서."

가섭은 여러 제자들의 말을 들은 뒤 바로 함께 부처

님께 가서 여쭈었다.

"저와 제자들은 이제 귀의할 것을 결정하였습니다. 오직 원컨대 대선인께서는 바로 저희들을 거두어 주소서."

그러자 부처님께서 말씀하셨다.

"잘 왔구나 비구여."

그러자 가섭은 수염과 머리카락이 저절로 떨어지고 가사가 몸에 입혀지며 즉시 사문이 되었다.

부처님께서는 곧 널리 네 가지 진리를 말씀하시니, 가섭은 이 설법을 듣고 티끌마저 멀리하고 더러움을 여의어 법안의 깨끗함을 얻었으며 점차로 아라한을 이루었다.

가섭의 오백 제자들은 그 스승이 이미 사문이 되었음을 보고 마음으로 소망하고 즐거워하면서 역시 출가하고자 곧 부처님께 여쭈었다.

"대선인께서 거두어 주셔서 저희들 큰 스승이 이제 사문이 되었습니다. 저희들도 큰 스승을 따르며 배우고 싶습니다. 오직 원컨대 대선인께서는 저희들의 출가를 허락해 주소서."

부처님께서 말씀하셨다.

"잘 왔구나 비구들이여."

그러자 제자들은 수염과 머리카락이 저절로 떨어지고 가사가 몸에 입혀지며 곧 사문들이 되었다.

이에 부처님께서는 즉시 그들에게 네 가지 진리의 법륜을 굴리시니, 오백의 제자들은 티끌마저 멀리하고 더러움을 여의어 법안의 깨끗함을 얻어 수다원(須陀洹)[106]의 과위(果位)를 이루었으며, 점차 닦고 행하여 역시 아라한의 과위까지 얻었다.

가섭과 오백의 제자들은 불을 섬기던 갖가지 도구를 모두 다 니련선하에 버리고 스승과 제자들이 함께 부처님을 따라 떠났다.

가섭에게는 두 아우가 있었는데 첫째 아우의 이름은 나제 가섭이요 둘째 아우의 이름은 가야 가섭이었다. 각자 이백오십 명의 제자들을 데리고 있었는데 갑자기 그의 형과 제자들이 섬기던 불〔火〕의 도구가 모두 떠내려옴을 보고 몹시 놀랐다.

'형님에게 어떠한 상서롭지 못한 일이 있었기에 불을 섬기던 도구들이 지금 물을 따라 흘러내려올까? 나쁜 사람에게 해라도 당하지 않았을까?'

두 아우는 분주하게 서로 의논하였다.

"형님이 나쁜 사람에게 해를 당하지 않았다면 무슨 일로 지금 모든 물건이 흘러내려오겠느냐. 이상한 일이며 걱정이 되는구나. 빨리 형님 처소에 가 봐야겠다."

곧 물을 거슬러 올라가 형이 살던 곳에 이르렀다. 처소는 아무도 없이 텅 비고 고요한지라 몹시 슬퍼하면서 사방으로 돌아다니며 형과 그 제자들을 찾다가 우연히 아는 사람을 만나 물었다.

"우리의 선인이며 성인이신 형님과 제자들이 어디에 계신지 혹시 당신은 보셨습니까?"

그가 대답하였다.

"당신의 형님께서는 여러 제자들과 함께 불을 섬기던 도구들을 다 버리고 모두 고타마의 처소에 가서 출가하여 도를 닦고 있습니다."

두 아우들은 이 말을 듣고 크게 괴로워하는 한편, 전에 없던 일이라 이상하게 여겼다.

'어찌하여 아라한의 도를 버리고 또다시 다른 법을 구하실까?'

그들은 즉시 형이 있는 곳으로 갔다. 가서 보니 형과 그의 권속들이 수염과 머리카락을 깎아 없애고 몸에 가사를 입고 있는지라 곧 꿇어앉아 절하고서 형에게 물었다.

"형님은 이미 대아라한이시며 총명하고 지혜로워서 짝할 이가 없을 뿐더러 이름이 사방에 들리어 숭앙하지 않는 이가 없거늘, 무엇 때문에 이제 스스로 이 도를 버리고 남을 따라서 배우십니까? 이는 작은 일이 아닙니다."

그러자 가섭은 그 아우들에게 대답하였다.

"나는 세존께서 대자대비를 성취하셨고 세 가지 기특한 일이 있음을 보았다. 첫째는 신통 변화요, 둘째는 지혜로운 마음이 맑게 사무쳐서 기어코 일체종지를 이룩하셨음이요, 셋째는 사람의 근기를 잘 알아 따르며 거두어 주심이 그것이다.

이런 일 때문에 불법에 출가하여 도를 닦는다. 내가 비록 국왕과 신하며 백성들에게 존경을 받았으며 세상의 이론과 임기응변의 변설에서 나를 꺾을 수 있는 이가 없었다 하더라도, 그것은 영원히 나고 죽음을 끊을 법은 아니었다. 오직 여래께서 널리 말씀하시는 것만이 나고 죽음을 다할 수 있다.

곧 이와 같이 크고도 거룩하신 어른을 만나 스스로 힘써 저 높고 뛰어나심을 본받지 않는다면 이는 마음이 없고 또한 눈까지 없는 것이 되리라."

두 아우는 형에게 물었다.

"만약 형님의 말씀과 같다면 틀림없이 이는 일체종지를 이루신 것입니다. 우리가 알거나 얻은 것은 모두가 형님의 힘이었거늘 형님께서 이제 부처님을 따라 출가하셨으니 우리들도 형님을 따르며 배우게 하여 주소서."

그리고 두 아우는 저마다 그의 제자들에게 말하였다.

"나도 이제 큰 형님과 같이 불법에 출가하여 도를 배우고자 한다. 그대들은 어떻게 생각하느냐?"

그러자 그 제자들은 스승에게 대답하였다.

"저희들이 지견(知見)을 지니게 된 까닭도 모두 큰

스승의 온혜이신데 큰스승께서 만약 불법에 출가하고 싶다면 우리도 따르게 하소서."

이에 나제 가섭과 가야 가섭은 저마다 이백오십 명의 제자들과 더불어 부처님께 이르러 땅에 엎드려 발에 예배하고 아뢰었다.

"세존이시여, 오직 원컨대 사랑하고 가엾이 여기시어 저희들을 제도하여 주소서."

부처님께서 말씀하셨다.

"잘 왔구나 비구들아."

그러자 두 아우는 수염과 머리카락이 저절로 떨어지고 가사가 몸에 입혀지며 곧 사문이 되었다.

나제 가섭과 가야 가섭은 또 부처님께 여쭈었다.

"저의 제자들도 모두가 불법에 출가를 하고 싶다 하오니 오직 원컨대 세존께서는 가엾이 여기셔서 허락하소서."

부처님께서 곧 대답하셨다.

"장하고 장하도다. 잘 왔구나 비구들아."

부처님께서 이렇게 부르시니 제자들은 수염과 머리카락이 저절로 떨어지고 가사가 몸에 입혀지면서 곧 사문이 되었다.

부처님께서는 나제 가섭과 가야 가섭, 또 그의 제자들을 위하여 신통 변화를 나타내셨고, 그들의 마음에 알맞게 설법을 하셨다.

"비구들아, 알아야 하리라. 세간은 모두 탐냄과 성냄과 어리석음의 사나운 불에 타고 있다. 너희들은 옛날에 받들고 섬기던 세 가지 불을 이미 잘 끊어 버렸다. 그러나 이제 삼독의 불은 오히려 몸에 있으니 빨리 꺼 버려야 한다."

비구들은 부처님의 이 말씀을 듣고 모든 법 가운데에서 티끌마저 멀리하고 더러움을 여의어 법안의 깨끗함을 얻었으며, 부처님께서 또 그들을 위하여 널리 네 가지 진리를 말씀하시자 모두 다 아라한과를 얻었다.

빔비사라왕의 귀의

부처님께서 생각하셨다.

'빔비사라왕이 옛날 나에게 부탁하기를, 만약 도가 이루어지면 먼저 저를 제도하여 주소서'라고 하였는데, 오늘날 때가 이르렀으니 그 곳에 가서 그의 소망을 이루어 주어야겠다.'

부처님께서는 곧 가섭 형제와 천 명의 비구 권속들에게 둘러싸여 사위성의 빔비사라왕에게 가셨다.

빔비사라왕은 옛날 마을에서 우루빌라 가섭을 공양하고 있었다. 그런데 신하들이 보니 이제 가섭과 그 제자들이 모두 사문이 되었으므로 곧 돌아가서 왕에게 이러한 일을 여쭈었다. 왕은 이 말을 듣고 크게 놀라고 이상하게 여기면서도 잠자코 아무 말도 하지 않았다. 또 백성들은 이 말을 듣고 저마다 말하였다.

"우루빌라 가섭은 지혜가 심원하여 짝할 이가 없을 뿐더러 나이도 늙었고 이미 아라한이 되었거늘 어찌하여 도리어 고타마의 제자가 되었겠는가? 전혀 그럴 리 없을 것이며, 말하자면 사문 고타마가 그의 제자가 되었을 것이다."

그 때에 부처님께서는 점점 사위성에 가까이 가셔서 장림(杖林)에 머무셨는데, 우루빌라 가섭은 즉시 항상 심부름하던 사람을 보내어 빔비사라왕에게 아뢰었다.

"나는 이제 불법에 출가하여 도를 닦다가 지금 부처님을 따라와 장림에 이르렀습니다. 대왕은 마땅히 먼저 예배하고 공양하셔야 합니다."

왕은 이러한 전갈을 통해 틀림없이 우루빌라 가섭이 부처님의 제자가 된 줄을 알게 되었다. 곧 명을 내려 수레를 차리고 여러 대신과 바라문이며 백성들과 함께 부처님께 나아갔다. 장림에 이르자 왕은 곧 수레에서 내려 의전 장식을 물리치고 한걸음에 부처님 앞에 이르렀다.

그 때 공중에서 하늘이 왕에게 말하였다.

"여래는 지금 이 숲속에 계십니다. 바로 모든 천상과 인간의 가장 으뜸인 복전이시니 대왕은 마땅히 공경하

과거현재인과경

고 공양하여야 하며, 또 나라 안의 백성들에게 널리 알려 모두가 다 여래께 공양하게 하여야 합니다."

왕은 하늘이 말함을 듣고 나서 마음으로 크게 기뻐하였다. 곧 숲속에서 가섭 삼형제와 그 제자들이 부처님을 앞뒤에서 둘러싸고 있음을 보니 마치 큰 만월이 뭇별 가운데 있음과 같았으므로 뛸 듯이 기뻐 어쩔 줄을 몰랐다. 부처님께 이르자 땅에 엎드려 발에 예배하고 아뢰었다.

"저는 바로 달의 종족인 마가다왕이오며 이름은 빔비사라입니다. 세존께서는 아시겠습니까?"

부처님께서는 바로 대답하셨다.

"훌륭하십니다. 대왕이여."

이에 빔비사라왕은 물러나서 한쪽에 앉고 그 뒤를 좇아 바라문과 대신들, 그리고 여러 백성들이 모두 다 자리에 나아갔다.

부처님께서는 온 대중들이 모두 편히 앉은 것을 보신 뒤에 곧 맑은 음성으로 빔비사라왕을 위문하셨다.

"대왕이여, 사대가 언제나 편안하고 고요하십니까? 백성을 다스리는 데에 고달프지는 않았습니까?"

왕은 곧 대답하였다.

"세존의 은혜를 입어 다행히 편안하고 고요하였습니다."

빔비사라왕과 그 밖의 크게 뛰어난 바라문, 장자, 거

사, 대신이며 백성들은 가섭이 부처님의 제자가 되어 있음을 보고 서로 말하였다.

"아아, 여래는 신통력이 있고 지혜가 심원하며 불가사의하여 능히 이와 같은 사람을 복종시켜 제자를 삼으셨구나."

그러나 의심을 품는 사람들도 있었다.

'우루빌라 가섭은 큰 지혜를 지녀 널리 세상 사람들의 귀의와 믿음을 받았는데, 어찌하여 사문 고타마의 제자가 되었을까?'

부처님께서는 그들의 생각을 아시고 곧 가섭에게 말씀하셨다.

"그대는 지금 여러 신통 변화를 나타내 보이도록 하시오."

가섭은 즉시 허공으로 올라 몸 위로 물을 내고 몸 아래로 불을 내더니 또다시 몸 위로 불을 내고 몸 아래로 물을 내기도 하고, 큰 몸을 나타내어 공중을 가득 채우는가 하면 몸을 작게 나타내기도 하고, 한 몸을 나누어서 한량없는 몸이 되는가 하면 땅으로 들어갔다가 다시 솟구쳐 나오기도 하며, 공중에서 서고 앉고 눕기도 하는지라 온 대중은 보고 전에 없던 일이라 모두가 찬탄하였다.

"첫째가는 대선인이구나."

그러나 가섭은 이러한 변화를 나타낸 뒤에 허공으로

부터 내려와 부처님 앞에 이르러서는 땅에 엎드려 발에 예배하고 부처님께 아뢰었다.

"세존이야말로 참으로 이 천상과 인간의 스승이오며, 저는 이제 참으로 이 세존의 제자입니다."

이렇게 세 번을 말하자 부처님께서는 바로 대답하셨다.

"그렇고 그렇소, 가섭이여. 그대는 나의 법에서 어떠한 이익을 보았기에 불의 도구를 없애 버리고 출가를 하였소?"

이에 가섭은 게송으로 대답하였다.

저는 옛날에
불을 섬겼던 공덕으로
천상과 인간에 생을 얻어서
오욕의 낙을 받았나이다.

한결같이 이렇게 바퀴를 돌 듯하면서
나고 죽는 바다에 빠졌었나니
이런 허물과 근심을 보았기에
저는 그것을 버렸나이다.

또다시 불을 섬긴 복으로
천상과 인간에 생을 얻어서

탐내고 성내고 어리석음만 더하다가
그 때문에 저는 멀리 여의었나이다.

또다시 불을 섬긴 복으로
장래에 나기(生)를 구하기 위함인데
이미 남이 있었기 때문에
반드시 늙고 병들고 죽음이 있었으며
이미 이러한 일들을 보았기에
저는 불의 법을 버렸나이다.

모임을 베풀며 고행을 닦고
그리고 불을 섬긴 복으로
비록 범천에 남을 얻었더라도
이것은 마지막의 처소가 아니므로
이러한 인연 때문에
불 섬기는 일을 버렸나이다.

제가 여래의 법을 보건대
나고 늙고 병듦과 죽음을 떠났으며
마지막 해탈하는 곳이기에
그 때문에 이제 출가하였나이다.

여래는 참으로 해탈하셔서

하늘과 사람들의 스승이 되었나니
이러한 인연 때문에
크고 거룩한 어른에게 귀의하였나이다.

여래는 큰 인자함과 가엾이 여김으로
갖가지 방편을 나타내시고
그리고 여러 가지 신통력을 쓰셔서
저희들을 이끌고 지도하시거늘
어떻게 다시 불의 법을
받들고 섬길 수 있겠습니까.

 빔비사라왕과 여러 대중들은 우루빌라 가섭이 말하는 이 게송을 듣고 크게 기뻐하며 부처님께 깊은 공경과 믿음을 내었다. 부처님께서 틀림없이 일체종지를 이룩하셨음을 알게 되었고, 진실로 가섭이 바로 부처님의 제자인 줄 알았다.
 그 때 여러 하늘들은 공중에서 뭇 하늘의 꽃비를 내리고 미묘한 풍악을 울리며 모두 함께 말하였다.
 "거룩하십니다, 우루빌라 가섭이여. 쾌히 이 게송을 말씀하셨습니다."
 그러자 부처님께서는 모든 대중들의 마음에 결정코 다시는 의심이 없음을 아셨다.
 또 그들의 근기가 모두 이미 성숙하였음을 자세히 살

피시고 곧 그들을 위하여 법을 말씀하셨다.
 "대왕이여, 아셔야 합니다. 이 다섯 가지 쌓임[五陰]의 몸은 의식[識]이 근본이 되며 의식으로 인하여 뜻의 감관[意根]이 생겼습니다. 뜻의 감관 때문에 형상[色][107]이 생겼으며, 이 형상의 법은 나고 없어지고 하여 머무르지 않습니다.
 대왕이여, 만약 이와 같이 자세히 살필 수 있으면 몸이란 무상한 줄을 잘 알 것입니다.
 이와 같이 몸을 자세히 살펴서 몸의 형상을 취하지 아니하면 '나'와 내것[我所]을 여읠 수 있으며, 만약 형상을 잘 살펴서 '나'와 내것이라 함을 여의면 형상이 생겨나 곧 괴로움이 생기는 줄을 알 것입니다.
 형상이 멸해지면 곧 괴로움이 멸해지나니, 만약 사람이 이와 같이 자세히 살필 수 있으면 이것을 풀림[解]이라 하고, 이렇게 자세히 살필 수 없으면 이것을 얽매임[縛]이라 합니다.
 법[108]은 본래가 '나'와 내것이라 할 것이 없거늘 뒤바뀐 생각 때문에 멋대로 '나'와 내것이 있다고 헤아립니다. 실제 있는 법이란 없으므로 만약 이 뒤바뀐 생각을 끊을 수 있으면 곧 이는 해탈한 것입니다."
 이 말씀을 듣고 빔비사라왕은 혼자 생각하였다.
 '만약 중생들이 '내'가 있다고 말하면 얽매임이라 하셨는데 일체중생에게 모두 다 '내'가 없다고 하면 이미

'내'가 없는데 누가 과보를 받을까?'

부처님께서는 그의 생각을 아시고 바로 말씀하셨다.

"일체중생들이 행하는 선과 악이며 과보를 받는 것은 모두 '나'의 지음도 아니고 역시 '나'로 받는 것도 아니며 지금 현재에 선과 악을 지어서 과보를 받는 자입니다. 대왕이여, 자세히 들으시오. 왕을 위해 말씀드리겠소.

대왕이여, 다만 감관(情)과 경계(塵)와 알음알이(識)[109]가 합하여 경계에 물듦을 일으킴으로써 여러 생각이 더욱 더하며 이 반연 때문에 나고 죽음을 마구 헤매며 갖가지 괴로운 과보를 받으나, 만약 경계에 물들지 않고 여러 생각들을 쉬면 곧 해탈합니다. 감관과 경계와 알음알이, 이 세 가지 인연의 일로써 같이 선과 악을 일으키며 과보를 받는 것일 뿐, 별도로 '내'가 있는 것이 아닙니다.

이를테면 불을 비비는 것과 같습니다. 손을 빨리 놀림으로써 불을 일으키지만 그 타는 불의 성질은 손으로부터 일어났거나 비비는 그 자체에서 일어난 것이 아닙니다. 손과 부싯돌을 여읜 것도 아닌 것처럼 감관과 경계와 알음알이도 역시 그와 같습니다."

그러자 빔비사라왕은 또 생각하였다.

'만약 감각과 경계와 알음알이가 합하였기 때문에 선악이 있고 과보를 받는다면 언제나 합하여졌음이요 서로가 여의었거나 끊어진 것이 아니다. 만약 언제나 합해져 있지 않다고 하면 이것은 바로 끊어진 것이리라'고 하므로, 그 때 세존은 왕의 생각을 아시고 곧 대답하셨다.

"감관과 경계와 알음알이는 항상함(常)도 아니요, 끊어짐(斷)도 아닙니다. 왜냐하면 합하였기 때문에 끊어짐도 아니며 여의었다고 항상함도 아니기 때문입니다. 마치 땅과 물이 반연하여 종자 하나에서 싹과 잎이 나면 그 종자는 벌써 썩어 없어지므로 항상하다고 이름할 수 없는 것과 같습니다. 단(斷)과 상(常)을 떠났기 때문에 중도(中道)[110]라 하며 세 가지 일의 인연도 역시 그와 같습니다."

빔비사라왕은 이 법을 듣자마자 마음이 열리고 뜻이 풀리어 모든 법에서 티끌마저 멀리하고 더러움을 여의어 법안의 깨끗함을 얻었다. 팔만 나유타의 바라문과 대신이며 대중들도 모든 법에 티끌마저 멀리하고 더러움을 여의어 법안의 깨끗함을 얻었으며, 96만 나유타의 여러 하늘도 모든 법에 티끌을 멀리하고 더러움을 여의고 법안의 깨끗함을 얻었다.

빔비사라왕은 곧 자리에서 일어나 부처님 발에 예배하고 합장하며 부처님께 아뢰었다.

"반갑습니다, 세존이시여. 전륜성왕의 자리를 능히 버리시고 출가하여 도를 배워 일체종지를 이룩하셨나이다.

 저는 옛날 어리석어서 세존을 만류하여 작은 나라를 다스리게 하려 하였는데 이제 인자한 얼굴을 뵙고 또 바른 법을 듣고서야 부끄러워지며 옛날의 허물이 뉘우쳐집니다.

 오직 원컨대 세존이시여, 대자비로서 저의 참회를 받아 주소서.

 저는 옛날에 세존께 아뢰기를 '만약 도를 얻으시면 먼저 저를 제도하여 주소서' 하였는데 오늘 비로소 옛 소원을 이루었으니, 세존의 은혜로 도의 자취를 밟게 되었습니다. 저는 오늘부터 세존과 비구들에게 공양하되 네 가지 일(四事)[111]에 모자람이 없게 하겠습니다. 오직 원컨대 세존께서는 대숲에 머무르시면서 마가다국이 오랫동안 편안하게 해 주십시오."

 부처님께서 대답하셨다.

 "훌륭하십니다, 대왕이여. 이에 세 가지 견고하지 못한 법을 잘 버리고 세 가지 견고한 과보(三堅法)를 구하니 장차 왕의 서원에 만족을 얻게 하리라."

 빔비사라왕은 부처님께서 청을 받아들여 대숲에 머무시겠다 함을 알고 부처님 발 아래 예배하고 떠나갔다.

 왕은 성으로 돌아가자마자 곧 신하들에게 명하여 대숲에 집을 짓게 하였다. 여러 가지로 장식하되 극히 엄숙하고 화려하게 하며 비단 번기와 일산을 달고 꽃을 흩으며 향을 사르고 하여 모두 다 마친 뒤에 바로 수레를 차려 부처님께로 나아가서 땅에 엎드려 발에 예배하고 여쭈었다.

"대숲의 승가람(僧伽藍)¹¹²⁾의 수리가 끝났습니다. 오직 원컨대 세존께서는 비구들과 함께 저를 가엾이 여기서서 그 곳에 머물러 주십시오."

이에 부처님께서는 비구들과 한량없는 하늘들에게 둘러싸여 왕사성에 들어가셨는데 부처님께서 문지방을 밟으실 때에 성 안의 악기들은 치지 않아도 저절로 울리고, 좁은 문이 더욱 넓어지며, 문 아래가 더 높아지고 모든 언덕이 더 평탄하여지며, 냄새나는 더러운 것들이 저절로 향기롭고 깨끗해졌다. 귀머거리가 듣게 되고 벙어리가 말을 하며 소경이 보게 되고 미치광이가 제정신을 차리며 곱사등이의 질병이 두루 다 고쳐졌다. 마른 나무에 꽃이 피고 썩은 풀이 살아나며 마른 못에 물결이 더하여 향기 바람이 맑게 불며, 봉황, 공작, 물총새, 물오리, 기러기, 원앙 같은 기이한 새들이 어지러이 날며 모여들어 온화하고 맑은 소리를 내었다.

이렇듯 여러 가지 상서로움이 가득한 가운데 부처님께서는 빔비사라왕과 함께 대숲으로 가셨다.

그 때 천신들이 공중에 가득 찼는데 왕은 곧 보배 병에 향기로운 물을 가득 담아서 부처님께 나아가 이렇게 말하였다.

"저는 이제 이 대숲을 여래와 비구들에게 받들어 올리오니, 오직 원컨대 가엾이 여기셔서 저를 위하여 받아 주소서."

이 말을 마치고 곧 물을 드리니 부처님께서는 잠자코 받으시면서 게송으로 축원하였다.

만약 사람이 보시할 수 있으면
간탐을 끊어 없애게 되고
만약 사람이 인욕할 수 있으면
영원히 성냄을 여의게 되며

만약 사람이 선을 능히 지으면
어리석음이 멀어지게 되나니
이 세 가지 행을 갖출 수 있으면
곧 열반에 이르리라.

혹은 가난한 사람이 있어서
재물로 보시할 수 없다 하더라도
다른 이가 보시를 닦는 것을 보고
기뻐하는 마음을 내면
기뻐하는 복의 과보로
보시함과 같아서 다름이 없으리라.

바라문과 신하들이며 그 밖의 대중들은 왕이 부처님
께 승가람을 지어 보시함을 보고 모두 기뻐하는 마음을
내었다.

빔비사라왕은 승가람을 보시하고 크게 기뻐하며 땅
에 엎드려 부처님 발에 예배하고 물러나 처소로 돌아갔
는데, 염부제(사바세계) 안에서 부처님을 뵈온 이로는
빔비사라왕이 맨 첫번째가 되며, 여러 승가람 중에 죽
림정사가 가장 시초가 되었다.

사리불과 목건련

부처님께서는 여러 비구들과 함께 죽림정사에 머무
셨다. 때마침 왕사성에 두 바라문이 있었는데, 총명하고
근기가 영리하며 큰 지혜가 있어서 모든 글과 의론에
통달하지 아니함이 없었으므로 아무도 변재와 논의로
그들을 꺾어 굴복시키지 못하였다. 첫째는 성씨가 구율
(拘栗)이며 이름이 우바실사(優波室沙)였으나 어머니의
이름이 사리(舍利)였기 때문에 세상에서 부르기를 사리
불(舍利弗)[113]이라 하였고 둘째는 성씨가 목건련(目犍
連)[114]에 이름이 목갈라나였다.

저마다 백 명의 제자가 있었고 여러 나라의 백성들에
게 숭앙을 받았는데 두 사람이 함께 도반이 되어 극히

사랑하고 중히 여기면서 맹세하였다.

"만약 먼저 여러 미묘한 법을 듣게 되면 반드시 서로 깨우쳐 주는 것에 인색하지 맙시다."

어느 날 아사바기 비구가 가사를 입고 바루를 가지고 마을에 들어가 걸식을 하는데 모든 감관을 잘 다스려 위의가 차분하였으므로 길가는 사람들이 이를 보고 모두 공경심을 내었다.

그 때 사리불은 길을 가다가 문득 아사바기를 만났는데 모든 감관을 잘 다스려 위의가 차분함을 보았다. 사리불은 선근(善根)이 이미 성숙하였으므로 아사바기를 보고는 크게 기뻐하여 걸음을 멈추고 쳐다보되 잠시도 눈을 떼지 않으며 곧 물었다.

"내가 그대를 살피건대 새로 출가하신 것 같소. 그토록 모든 감관을 잘 다스리고 계시니 묻고 싶은 것이 있는데 대답하여 주십시오. 그대의 큰스승의 이름은 무엇이며, 가르치고 경계하신 바가 있으시다면 무슨 법을 펴서 말씀하십니까?"

아사바기는 차분히 대답하였다.

"저의 큰스승은 석가 종족으로서 일체종지를 얻으셨습니다. 하늘과 인간의 스승이시며, 상호와 지혜, 그리고 신통력으로 짝할 이가 없는 분입니다. 나는 나이가 어리고 도를 배운 날이 짧은데 어찌 여래의 미묘한 법을 널리 말씀드릴 수 있겠습니까. 그러나 알고 있는 바를 그대에게 말씀해 드리겠습니다."
 이어 게송으로 말하였다.

 일체의 모든 법의 근원은
 인연으로 생기며 주체가 없나니
 만약 이를 이해할 수 있는 자라면
 진실한 도를 얻게 되느니라.

 사리불은 아사바기가 말하는 게송을 듣자마자 곧 모든 법에 티끌을 멀리하고 더러움을 여의어 법안의 깨끗함을 얻었다. 도의 자취를 본 뒤에 마음은 크게 두근거리고 몸의 모든 정근(情根)이 다 기뻐지므로 생각하였다.
 '일체중생들은 모두 '나'에 집착한 까닭에 윤회하고 있다. 만약 '나'라는 생각을 없애면 곧 내것[我所]에서도 떠날 수 있다. 마치 햇빛이 어둠을 깨뜨릴 수 있는 것처럼 '내'가 없다는 생각 또한 '나'라는 소견의 어두운 장애를 깨뜨릴 수 있다. 내가 예로부터 닦고 배웠던 것이란 모두가 삿된 소견이었고 오직 지금 얻은 바가 가장 바르고 참된 도로구나.'
 사리불은 아사바기의 발에 절을 하고 처소로 돌아갔으며, 아사바기는 걸식을 마치고 죽림 동산으로 돌아왔다.

사리불이 처소로 돌아오자 목건련은 사리불의 감관이 고요하고 안정되어 위의가 차분하며 얼굴에 기뻐함이 보통 날과 다름을 알았다. 목건련 또한 선근이 이미 성숙해 있었으므로 곧 알아챈 것이었다.

"내가 지금 그대를 살피건대 모든 감관이며 얼굴 모습이 보통 때와는 다른데 아마도 이미 감로의 미묘한 법을 얻으신 것 같습니다. 옛날 그대와 함께 맹세하되 '만약 미묘한 법을 들으면 반드시 서로가 알리고 깨우치자'고 하였으니 그대는 얻은 바가 있거든 나에게 말씀하여 주십시오."

사리불은 곧 대답하였다.

"나는 진실로 이미 감로의 법을 얻었습니다."

목건련은 이 말을 듣고 한량없이 기뻐하다가 찬탄하였다.

"훌륭하십니다. 지금 나를 위하여 말씀해 주십시오."

"나는 밖에 나갔다가 한 비구를 만났습니다. 옷과 바루를 가지고 마을에 들어가 걸식을 하는데 모든 감관이 고요하고 위의를 갖추었기에 나는 그를 보고 깊은 공경심을 내었습니다. 그에게 다가가 묻기를, '내가 그대를 살피건대 새로 출가하신 것 같소. 그토록 모든 감관을 잘 다스리고 계시니 묻고 싶은 것이 있는데 대답을 하여 주십시오. 그대의 큰스승의 이름은 무엇이며 가르치고 경계하신 바가 있으시다면 무슨 법을 펴서 말씀하십니까?'라고 하였더니 그는 곧 차분하게 대답하기를, '저의 큰스승은 석가 종족으로서 일체종지를 얻으셨습니다. 하늘과 인간의 스승이시며, 상호와 지혜, 그리고 신통력이 짝할 이가 없는 분입니다. 나는 나이가 어리고 도를 배운 날이 짧은데 어찌 여래의 미묘한 법을 널리 말씀드릴 수 있겠습니까. 그러나 알고 있는 바를 그대에게 말씀해 드리겠습니다' 하고 이어 게송으로 말하였다.

　　일체의 모든 법의 근원은
　　인연으로 생기며 주체가 없나니
　　만약 이를 이해할 수 있는 자라면
　　진실한 도를 얻게 되느니라.

라고 하였습니다."
　목건련은 사리불의 말을 듣자 곧 모든 법에 티끌을 멀리하고 두려움을 여의어 법안의 깨끗함을 얻었다.
　사리불과 목건련은 각기 불법의 감로를 얻고 나서 서로 말하였다.
　"우리들은 이미 부처님의 법에서 저마다 이익을 얻었으니 이제 마땅히 함께 부처님께 가서 출가를 구하여야겠습니다."
　그리고 그들은 각각 제자들을 불러서 말하였다.

"우리들은 이미 부처님의 법에서 감로의 맛을 얻었다. 오직 이 법만이 바로 세상을 뛰어나게 하는 도이므로 우리는 이제 부처님께 가서 출가하기를 구하려 하는데, 너희들은 어떻게 하겠느냐?"

여러 제자들은 그의 스승에게 대답하였다.

"우리들이 지금 지니고 있는 지견은 모두가 스승의 힘이신데, 스승께서 만약 출가하신다면 우리도 모두 따르겠습니다."

이에 두 사람은 곧 제자 이백 명을 거느리고 죽림 동산으로 갔다. 문에 들어서면서 멀리 여래를 보았더니 비구들에게 둘러싸이셨는데 상호가 장엄하여 크게 기뻐하며 마음이 두근거렸다.

그 때 부처님께서는 사리불과 목건련이 그 제자들과 함께 오고 있음을 보고 비구들에게 말씀하셨다.

"너희들은 알아야 한다. 지금 저 두 사람은 여러 제자들을 거느리고 나에게 와서 출가하기를 구하리라. 한 분의 이름은 사리불이요 또 한 분의 이름은 목건련인데 장차 나의 법 가운데 상수 제자가 되리라. 사리불은 지혜 제일이 될 것이요. 목건련은 신통 제일이 되리라."

그들은 부처님께 다가와 땅에 엎드려 발에 예배하고 아뢰었다.

"저희는 부처님의 법에서 이미 도의 자취를 얻었거니와 출가하기를 바라오니 허락하소서."

부처님께서는 즉시 부르셨다.

"잘 왔구나. 비구야."

그러자 두 사람은 수염과 머리카락이 저절로 떨어지고 가사가 몸에 입혀지며 곧 사문이 되었다.

그들의 제자 2백 명도 그의 스승이 벌써 사문이 되었음을 보고 모두 부처님께 아뢰었다.

"저희들도 스승을 따라 출가하려 하오니 오직 원컨대 세존이시여, 가엾이 여기시어 허락하소서."

이에 부처님께서는 "잘 왔구나 비구들아" 하시니 그들은 수염과 머리카락이 저절로 떨어지고 가사가 몸에 입혀지며 곧 사문이 되었다.

또 부처님께서 사리불과 목건련을 위하여 널리 네 가지 진리를 말씀하시자 두 사람은 곧 아라한과를 얻었다. 또다시 이들의 제자 2백 명을 위하여 널리 네 가지 진리를 말씀하시자 곧 모든 법에 티끌을 멀리하고 때를 여의어 법안의 깨끗함을 얻었으며 역시 아라한과를 얻었다.

그 때 부처님께서는 아라한이 된 일천이백오십 명의 비구와 함께 마가다국에서 널리 중생들을 이롭게 하셨는데, 여러 비구들 중에 목건련이라는 이름을 지닌 비구가 많이 있었으므로 특히 이 목건련은 대목건련(大目犍連)이라 하셨다.

마하가섭의 교화

투라궐차국에 가섭이라는 한 바라문이 있었다. 서른 두 가지 상을 갖추었으며 총명하고 지혜로워서 네 가지 베다 경전[四毘陀經][115]을 외우며 온갖 글과 이론에 통달하지 않음이 없었다. 큰 부자였으므로 보시를 잘하였으며 그 부인은 단정하여 온 나라에서 비길 만한 이가 없었다. 두 사람은 자연히 음욕의 생각조차 없었으므로 한 방에서 잠자리도 아니하였다.

옛부터 오랫동안 선근을 심었기 때문에 집에 있으면서 즐거움을 받기를 좋아하지 아니하였고, 밤낮 생각하기를 '세간이 싫중나므로 애써 출가의 법을 찾으리라' 하며 찾았지만 되지 않았다. 곧 집안일을 버리고 산중에 들어가서 생각하였다. '모든 부처님 여래께서 출가하여 도를 닦으셨으니 나도 이제 부처님을 따라 출가를 해야겠다.'

그는 금실로 짜서 만든 백천 냥의 값어치가 되는 값진 보배 옷을 벗어버리고 색이 없는 누더기를 입고 스스로가 수염과 머리카락을 깎아 버렸다. 그러자 여러 하늘들은 공중에서 가섭이 스스로 출가함을 보고 말하였다.

"선남자시여, 석가 종족으로서 백정왕의 아들은 그

이름이 살바 싯달타신데 출가하여 도를 닦고 일체종지를 이루셨습니다. 온 세상에서 부르기를 석가모니불(釋迦牟尼佛)이라 하는데 지금 천이백오십 명의 아라한과 함께 왕사성의 죽림 동산에 머물고 계십니다."

 가섭은 하늘의 말을 듣고 크게 기뻐하니 몸의 털마저도 곤두섰다. 그는 즉시 죽림 동산의 승가람으로 갔다.

 그 때 부처님께서는 그가 장차 올 것을 알고 계셨다.

 '그의 선근을 자세히 살펴보니 가서 제도하여야겠구나.' 이렇게 생각하시고 즉시 마중을 가시다가 자솔파에 이르러 가섭을 만나셨다. 가섭은 부처님의 상호와 위의가 특히 높으심을 보고 곧 합장하면서 말하였다.

 "세존께서는 참으로 일체종지시며, 실로 자비로우시며, 중생들을 제도하실 분이며, 참으로 일체가 귀의할 곳입니다."

 이 말과 함께 그는 온몸을 대고 부처님 발에 예배하고 아뢰었다.

 "세존이야말로 이제 바로 저의 큰스승이오며 저는 바로 제자입니다."

 이렇게 세 번 말하자 부처님께서 대답하셨다.

 "그렇소, 가섭이여. 나는 바로 그대의 스승이며 그대는 바로 나의 제자요."

 부처님께서는 또 말씀하셨다.

 "가섭이여, 잘 알아야 하리라. 어떤 사람이 진실로 일체종지가 아니면서도 그대를 제자로 받아들이고자 한다면 머리가 곧 깨져서 일곱 조각이 나리라."

그리고 또다시 말씀하셨다.

"훌륭하도다, 가섭이여. 오음을 받은 몸은 바로 큰 괴로움의 덩어리인 줄 알아야 하리라."

가섭은 이 말씀을 듣자마자 곧 진리를 보았으며 이에 아라한과까지 얻었다.

부처님께서는 가섭과 함께 죽림 동산으로 돌아가셨는데, 이 가섭은 크고도 거룩한 덕과 지혜와 총명이 있었기 때문에 대가섭(大迦葉)이라 이름하였다.

부처님께서 여러 비구들에게 말씀하셨다.

"보광 여래께서 세상에 나오셨을 때의 선혜선인이 어찌 다른 사람이겠느냐. 바로 지금의 나의 몸이다.

길을 가다가 만났던 오백 명의 외도로서 함께 논의하고 따라 기뻐했던 이들은 지금 이 모임 안의 우루빌라 가섭 형제와 그의 권속인 천 명의 비구들이요, 그 때에 꽃을 팔았던 여인은 지금의 야쇼다라이다.

선혜선인이 머리카락으로 땅을 덮을 때에 옆에서 두 사람이 부처님 앞의 땅을 쓸었고 이백 명이 따라 기뻐하며 도왔으니, 이들은 지금 이 모임 안의 사리불과 대목건련이며 아울러 이백 제자인 비구들이다.

허공에서 여러 하늘들이 선혜선인이 머리카락으로

땅을 덮는 것을 보고 모두 따라 기뻐하며 찬탄하였으니, 이들은 내가 처음에 도를 얻고 녹야원에서 비로소 법륜을 굴릴 때 있던 팔만의 천인들과 빔비사라왕이 거느렸던 팔만 나유타의 권속이며 구십육만 나유타 하늘들이다.

너희들은 알아야 한다. 지나간 세상에 심었던 씨앗〔因〕은 한량없는 겁을 지나면서도 결코 닳아 없어지지 않음을.

나는 옛날에 애써 부지런히 온갖 선한 일을 닦아 익히고 큰 서원을 세워서 마음에 물러나지 아니하였기 때문에 지금에 이르러 일체종지를 성취하였으니, 너희들은 마땅히 힘써 도행(道行)을 부지런히 닦되 게으르지 말아야 한다."

모든 비구들은 부처님이 하시는 말씀을 듣고 기뻐하며 받들고 예배하고 물러났다.

역주와 해설

역 주

1) 기수급고독원(祇樹給孤獨園 Anātbapiṇḍasyārāma) : 수달(須達) 장자가 석존과 그 교단을 위해 세운 승방을 의미한다. 이곳은 원래 기타(祇陀) 태자의 동산이었는데 고독한 자에게 보시 잘하는 수달 장자가 이 동산을 부처님 교단에 보시하게 함으로써 이루어졌다. 약칭 기원정사(祇園精舍)라고 한다.

2) 바루(鉢盂) : Pātra의 음사어인 발다라(鉢多羅)의 '鉢'과 '盂'를 합친 말. 응기(應器), 응량기(應量器)라고 한역하며, 발우라고도 하나 흔히 통용되기는 '바루'이다.

3) 정천이(淨天耳) : 천이(天耳)는 육신통(六神通) 중의 하나를 말한다. 육신통은 부처님이나 보살이 갖추고 있는 여섯 가지 초인적인 능력인데, 그 내용은 아래와 같다.

　① 신족통(神足通) : 어느 장소든지 자유롭게 왕래할 수 있는 능력.
　② 천이통(天耳通) : 어느 곳의 소리든 자유롭게 들을 수 있는 능력.
　③ 타심통(他心通) : 타인의 생각을 꿰뚫어 보는 능력.
　④ 숙명통(宿命通) : 모든 중생의 운명을 아는 능력.
　⑤ 천안통(天眼通) : 온 누리를 투시하여 아는 능력.
　⑥ 누진통(漏盡通) : 번뇌를 완전히 소멸시킬 수 있는 능

력.

오통(五通)까지는 모든 천신이나 신선도 얻을 수 있지만 제6 누진통은 부처님만이 가능한 능력이다.

4) 아숭지겁(阿僧祇劫) : 무한한 시간, 즉 인간의 생각으로는 상상할 수 없는 무한한 시간을 말한다.

5) 범행(梵行) : 번뇌나 욕망의 오염을 초월한 청정한 수행.

6) 일체종지(一切種智) : 모든 존재를 아는 지혜, 부처님이 지니고 있는 지혜.

7) 다섯 갈래〔五道〕 : 지옥, 아귀, 축생, 인간, 천상. 다섯 가지를 오도라 한다. 여기에 수라(修羅)를 포함하여 육도(六道)라고 하는데, 오도와 육도는 또 오취(五趣), 육취(六趣)라고도 한다.

8) 보광(普光 Dipañjña) : 보통 연등(燃燈) 또는 정광(錠光)이라고 한다.

9) 살바야(薩婆若 Snrvajñā) : 一切智라고 한역하며, 모든 것을 아는 사람이라는 뜻이다.

10) 팔부중(八部衆) : 천(Deva), 룡(Nāga), 야차(Yakṣa), 건달바(Gandharva 天의 樂神), 아수라(Asura), 가루라(Garnḍa, 金翅鳥), 긴나라(Kinnara), 마후라가(Mahoraga), 이상을 팔부중이라 한다. 인비인(人非人)은 팔부중의 친속을 총칭하는 말이다.

11) 삼승(三乘) : 능력과 소질에 따라 깨달음으로 이끌어가는 가르침인데, 성문(聲聞), 연각(緣覺), 보살(菩薩)의 세 가지에 따른다.

12) 무착법인(無着法忍) : 무착(無着)은 집착이 없는 것이며,

인(忍)은 확실히 깨닫는 것을 말한다.
13) 당기·번기·일산 : 당기와 번기는 깃발이고 일산은 햇빛 가리개로서 우산 모양이다.
14) 요자나(Yojana) : 인도의 거리 단위. 1 요자나는 40리에 해당한다.
15) 우담바라 꽃(優曇鉢花, Udumbara) : 영서화(靈瑞華)라고도 하는데, 이 꽃은 전륜왕 및 불타가 세간에 나타나실 때만 피는 꽃이라 한다.
16) 무위도(無爲道) : 번뇌의 작용이 지멸되어 분별 망상이 없어진 상태를 이른다.
17) 석가모니(釋迦牟尼 Sakyamuni) : 능인적묵(能仁寂默)이라고 해석한다. 석가모니를 석가여래라고도 하는데 부처님에게는 10종의 다른 존칭이 있다.
   ① 여래(如來) : 수행을 완성한 사람.
   ② 응공(應供) : 존경을 받을 만한 사람. 공양을 받을 만한 사람.
   ③ 정변지(正遍知) : 바르게 깨달은 사람.
   ④ 명행족(明行足) : 밝은 행을 갖춘 사람.
   ⑤ 선서(善逝) : 행복한 사람.
   ⑥ 세간해(世間解) : 세간을 아는 사람.
   ⑦ 무상사(無上士) : 이 위에는 아무도 없는 사람.
   ⑧ 조어장부(調御丈夫) : 인간을 조어(調御)하는 사람.
   ⑨ 천인사(天人師) : 신들과 인간의 스승.
   ⑩ 불세존(佛世尊) : 세상이 받드는 깨달은 사람.
18) 수기(授記) : 수행자가 미래에 최고의 깨달음(成佛)을 얻

게 될 것이라는 것을 부처님이 예언하고 약속하는 것이다.

19) 오탁(五濁) : 말법(末法) 시대에 나타나는 다섯 가지 오염된 현상으로, 그 내용은 다음과 같다.

　①겁탁(劫濁) : 사람의 수명이 점차 줄어들며 기근과 질병, 전쟁이 잦아진다.

　②견탁(見濁) : 온갖 그릇되고 비도덕적인 견해가 일어나 세상을 어지럽힌다.

　③번뇌탁(煩惱濁) : 중생의 번뇌가 깊고 무거워진다.

　④중생탁(衆生濁) : 중생들이 나쁜 일을 좋아하며 과보를 두려워하지 않게 된다.

　⑤명탁(命濁) : 중생의 수명이 점차 줄어든다.

20) 무생인(無生忍) : 생사가 없는 것.

21) 양족존(兩足尊) : 이족존(二足尊)이라고도 한다. 두 발을 가진 중생 중에서 가장 받들 만한 사람을 말하는 것으로, 여기에서는 보광 여래를 가리키는데, 지혜와 복덕이 구족하신 부처님이라는 뜻이다.

22) 다라니(陀羅尼 Dhārani) : 총지(總持), 또는 능지(能持), 능차(能遮)라고 옮긴다. 삼매로 얻어진 지혜 또는 진언을 가리킨다.

23) 삼매(三昧 Samādhi) : 등지(等持)라고 한다.

24) 열 가지 선〔十善〕 : 몸과 입, 생각으로 10악을 범하지 않는 수행 덕목. 10가지 선이란, 불살생(不殺生), 불투도(不偸盜), 불사음(不邪淫), 불망어(不妄語), 불양설(不兩說), 불악구(不惡口), 불기어(不綺語), 불탐욕(不貪慾), 불진에(不

瞋恚), 불사견(不邪見)이다.

25) 십지(十地) : 보살이 수행하는 50단계 중에서 특히 41위에서 50위까지를 십지라고 한다. 그 내용은 환희지(歡喜地), 이구지(離垢地), 발광지(發光地), 염혜지(焰慧地), 난승지(難勝地), 현전지(現前地), 원행지(遠行地), 부동지(不動地), 선혜지(善慧地), 법운지(法雲地)의 10단계이다.

26) 일생보처(一生補處) : 보처란 미래에 부처를 이루리라는 수기를 받은 보살. 보살도의 수행자가 도달하는 궁극의 경지를 말한다. 한 생을 지나면 바로 성불하므로 일생보처라고 한다.

27) 법안(法眼) : 현상계의 모든 것을 분명히 비추어 아는 지혜의 눈.

28) 아가니타천(阿迦尼吒天) : 아가니타는 색구경(色究竟)이라 옮기며, 아가니타천은 색계 18천 가운데 최상의 천색구경천(天色究竟天)이다.

29) 모든 것〔諸行〕 : 생멸변천하는 만물의 일.

30) 여덟 가지 바른 길〔八正道〕 : 견(見), 사유(思惟), 어(語), 업(業), 정진(精進), 명(命), 념(念), 정(定)을 바르게 하는 길.

31) 모든 법의 도장〔諸法印〕 : 고(苦), 공(空), 무상(無常), 무아(無我)를 사법인(四法印)이라고 하고, 무상(無常), 무아(無我), 적정(寂靜)을 삼법인(三法印)이라고 한다.

32) 제석(帝釋 Indra-śakra) : 수미산의 정상에 있는 천상계, 즉 도리천(忉利天)의 천왕이다.

33) 육바라밀(六波羅蜜 Pāramitā) : 보살이 실천하는 여섯 가지

수행 덕목. 바라밀이란 도피안(渡彼岸)을 뜻하며, 육바라밀이란 보시(布施), 지계(持戒), 인욕(忍辱), 정진(精進), 선정(禪定), 반야(般若)의 여섯 가지를 말한다.

34) 타화자재천(他化自在天) : 욕계육천(欲界六天)의 최고, 즉 제6 마왕을 말한다.

35) 사천왕(四天王) : 욕계육천의 최하위에 있으며 수미산 사방을 지키는 천왕으로서 동방지국천왕(東方持國天王), 남방증장천왕(南方增長天王), 서방광목천왕(西方廣目天王), 북방다문천왕(北方多聞天王)이 있다.

36) 형상세계〔色界〕 : 중생들이 살아가는 세계를 욕계, 색계, 무색계의 삼계(三界)로 나누는데, 그 중에서 색계는 정욕과 식욕을 가진 중생들의 세계를 말한다.

37) 욕심세계〔欲界〕 : 삼계 중의 하나. 색계에서 가지는 욕망은 떠났으나 아직 형상의 제약을 받는 중생들의 세계다.

38) 송, 원, 명의 삼국에서는 이 2월이 4월로 되어 있다. 《본행집경(本行集經)》에는 2월 8일, 《소행찬(所行讚)》에는 4월 8일로 되어 있으며, 《보요경(普曜經)》에는 날짜 표기가 되어 있지 않다.

39) 태자(太子) : 탄생 전까지는 보살이라고 부르고 탄생한 후부터는 태자라고 부른다. 태자 이후는 인간으로서의 생활이 시작되기 때문이다.

40) 석제환인(釋提桓因 Śakra-devānām-Indra) : 인(因, Indra)은 제(帝)를 뜻한다. 여러 하늘의 제왕을 석(釋)으로 나타내며 제석천의 의미를 지닌다.

41) 여덟 가지의 공덕〔八功德〕 : 징정(澄淨), 청랭(淸冷), 감미

(甘美), 경연(輕軟), 윤택(潤澤), 안화(安和), 제환(除患), 증익(增益)을 말한다.

42) 살바 싯달타(薩婆悉達多 Sarvasiddhārtha) : 살바는 일체지(一切智)를 뜻하는 것으로 즉 일체종지를 이룬 사람이라는 뜻이다.

43) 사대(四大) : 신체가 사대로 이루어진 것으로 그 원소는 지(地)・수(水)・화(火)・풍(風)이다.

44) 데바닷타(提婆達多 Devadatta) : 석존의 사촌으로서 네 왕자 중의 한 사람이다. 언제나 석존을 원망했으며 석존 만년에는 독립된 교단을 조직하고 엄격히 통리(統理)하였다. 그 교단은 기원 5세기까지 계속되었다.

45) 관정(灌頂 Abhiṣeka) : 국왕이 즉위할 때나 태자를 봉립할 때 왕 또는 태자의 이마에 해수(海水)를 뿌리는 것은 인도의 축례(祝禮) 의식이다. 이것이 불교에 수용되어 마정관정(摩頂灌頂), 수기관정(授記灌頂) 등이 되었다.

46) 정거천(淨居天 Śuddhāvāsa) : 색계(色界)의 18천 중 최고의 제5천을 말한다.

47) 사선(四禪) : 번뇌를 끊고 불법의 공덕을 나타내는 네 단계의 근본 선정. 사선정(四禪定), 사정려(四靜慮)라고 한다. 사선이란 악(惡)과 불선(不善)에 대치하는 초선(初禪), 선정의 희락을 발생시키는 제2선, 정념정지로써 희락의 집착에서 벗어나는 제3선, 마음의 청정을 체득하는 제4선을 말한다.

48) 제사선정(第四禪定) : 주 47) 참조.

49) 무위(無爲) : 주 16) 참조.

50) 습장(習障) : 번뇌의 체(體)는 이미 다하였지만 나머지 조금 남아 있는 습관성(習慣性)을 뜻한다.
51) 육도(六道) : 지옥 · 아귀 · 축생 · 천상 · 인간 · 아수라. 중생은 이 여섯 갈래의 길에서 윤회를 거듭한다.
52) 아라라 · 가란(阿羅羅 · 加蘭 Ārāla-kālāma) : 한 선인의 이름인데 이 경에서는 두 선인으로 나뉘어 있다.
53) 세 가지 굳건한 법[三堅法] : 영원히 변하지 않는 진실한 몸[無極身], 완전한 지혜의 생명[無窮命], 깨달음의 보배[無盡財]를 말한다.
54) 명초(冥初 Prakṛti) : 자성명체(自性冥諦)라고 옮기며, 세계의 근본, 몸과 마음의 본원이라는 뜻이다.
55) 아만(我慢 Ahaṁkāra) : 자아의식으로 주관과 객관을 구별하는 것. 무명의 근본이 된다.
56) 다섯 가지 미세한 티끌의 기운[五微塵氣] : 색, 성, 향, 미, 촉. 즉 객관을 이루는 다섯 요소를 말한다.
57) 오대(五大) : 지(地), 수(水), 화(火), 풍(風), 공(空). 이 다섯은 모든 물질의 요소가 되며 그런 까닭에 대(大)라고 한다.
58) 각(覺) : 신역(新譯)에는 심(尋 vitarka)이라고 하는데, 추심(麁心)으로 사리(事理)를 추심(推尋)하는 작용이다.
59) 관(觀) : 신역에는 사(伺 vicāra)라고 하며, 세심(細心)으로 사리를 사찰(伺察)하는 작용이다.
60) 즐거움의 근원[樂根] : 분별된 의식으로서의 열예(悅豫)가 아닌 지극히 정묘(淨妙)한 것을 말한다.
61) 생각[念 Smṛti] : 정념(正念)을 뜻한다. 자타(自他)의 공덕

을 념하는 것.

62) 버림〔捨 Upekṣā〕: 제법(諸法)에 집착하는 생각〔念〕을 여의고 평등히 주(住)하는 작용을 말한다. 불고불락(不苦不樂)의 경계에 드는 것.

63) 생각이 없는 과보〔無想報〕: '나'나 '나의 것'이라는 분별의 정신 작용이 전부 끊어짐을 뜻한다. 이 경지를 무상정(無想定)이라 하는데, 이 무상정을 닦으면 무상과(無想果)를 얻는다.

64) 공한 곳〔空處〕: 사공처(四空處) 중의 하나. 4선정에서 더욱더 닦아가는 경계. 무변의 허공을 연(緣)하여 마음의 공무변(空無邊)과 상응하는 정(定)을 닦아 얻는 공덕이다.

65) 나라연(那羅延): 견고역사(堅固力士)라고 옮긴다.

66) 모니(牟尼 Muni): 성인(聖人)을 칭하는 것으로, 적묵(寂默)이라고 옮긴다.

67) 삼유(三有): 삼계의 존재를 말한다. 언제나 생사를 유전하는 존재임.

68) 크샤트리야(刹利 Kṣatriya): 사성(四姓) 계급 중에서 일반 평민보다 위인 왕족 계급을 이른다.

69) 정의(定意): 삼매(三昧)를 뜻한다.

70) 오직 이 땅만이 아느니라〔唯此地知〕: 보살은 이 때에 오른손으로 땅을 가리켰다. 이를 촉지인(觸地印) 또는 항마인(降魔印)이라고 한다.

71) 관조(觀照): 보살의 관조는 두 단계로 나뉜다. 처음에 오도(五道)를 관(觀)하고, 다음에 십이인연(十二因緣)을 관하는 것이다.

72) 중음(中陰) : 중유(中有)라고도 하는데 죽고 나서 그 다음 생(生)을 아직 받지 못한 그 사이를 말한다.
73) 인연(因緣) : 12인연을 뜻한다. 십이연기는 인간 존재의 근본적인 존재 방식을 열두 가지의 항목으로 설한 것으로, 무명 - 행 - 식 - 명색 - 육입 - 촉 - 수 - 애 - 취 - 유 - 생 - 노사이다. 이와 같은 십이연기는 그 실천의 측면에서 순관(順觀)과 역관(逆觀)의 두 체계를 갖고 있다. 순관은 인간 존재의 근본적인 미상을 나타내는 무명에서 노사에 이르는 과정을 관찰하는 것이고, 역관이란 노사에서 무명을 지멸하는 반성적 사유과정을 나타내는 것이다.
74) 세 가지 존재〔三有〕 : 미래의 존재를 정하는 업. 존재에 욕(欲), 색(色), 무색(無色)의 삼종을 삼유(三有)라고 한다. 주 67) 참조.
75) 네 가지 취하는 것〔四取〕 : 취(取)는 번뇌를 말한다. 곧 바깥 대상에 집착하는 것으로 사취란 네 가지 집착을 뜻하는 것이다. 그 내용은 다음과 같다.
　①욕취(欲取) : 색·성·향·미·촉의 5가지 대상에 집착하는 애욕.
　②견취(見取) : 오온에 대하여 망집하는 나쁜 견해.
　③계금취(戒禁取) : 잘못된 계로서 수행하는 것.
　④아어취(我語取) : 아견(我見), 아만(我慢)에 집착하는 것.
76) 욕망〔愛〕 : 갈애(渴愛).
77) 느낌〔受〕 : 고락(苦樂)의 감수(感受).
78) 촉감〔觸〕 : 다른 물질과의 접촉.
79) 여섯 감관〔六入〕 : 육근(六根)인 안·이·비·설·신·의

를 뜻한다.

80) 이름과 물질〔名色〕: 심(心)과 신(身)의 분리가 처음 되는 것.

81) 의식〔識〕: 과거의 행업(行業)에 의해 현재 수태(受胎)할 때 갖는 최초의 일념(一念).

82) 행(行): 선악의 행업.

83) 무명(無明): 시작도 없는 미혹, 무지를 말한다.

84) 오통(五通): 신족통·천이통·타심통·숙명통·천안통. 주 3) 참조

85) 오랜 밤〔長夜〕: 무명 속에 있음을 뜻한다.

86) 불안(佛眼): 오안(五眼) 중에 으뜸이 불안이다. 오안이란 육안, 혜안, 천안, 법안, 불안을 말한다.

87) 복전(福田): 선행의 씨앗을 뿌려서 반드시 복을 받는 터전, 복덕을 낳는 밭. 부처님이나 승가와 같은 존경의 대상은 경전(敬田), 스승과 부모에 은혜를 갚는 것은 은전(恩田), 병자와 빈자와 같은 이들에게 자비로운 구제를 하는 것을 비전(悲田)이라고 한다. 이 모두를 합하여 팔복전이라고 한다. 삼보·부모·사승·빈궁인·병자·축생.

88) 중도(中道): 불고불락(不苦不樂)의 중도로서의 수행을 뜻한다. 《반야경》에서는 이 말이 제법(諸法)의 실상(實相)을 나타내고 있다.

89) 오음이 치성해서 일어나는 고통〔五陰盛苦〕: 오온에 집착하여 생기는 고(苦)를 뜻한다. 오온이란 심신(心身)을 구성하는 다섯 가지 요소로 색(色), 수(受), 상(想), 행(行), 식(識)의 내용을 이룬다.

①흙덩어리와 같은 색온(色蘊) : 물질적 요소, 색여취말
(色如聚沫)

②물거품과 같은 수온(受蘊) : 인상작용, 수여수포(受如水泡)

③아지랑이와 같은 상온(想蘊) : 표상작용, 상여양염(想如陽炎)

④파초와 같은 행온(行蘊) : 맹목적인 충동, 행여파초(行如芭蕉)

⑤몽환과 같은 식온(識蘊) : 순수감각 의식, 식여몽환(識如夢幻)

90) 괴로움〔苦 Duḥkha〕: 삼계(三界) 육취(六趣)의 고보(苦報).
91) 습(習 Samudaya) : 고(苦)를 받는 원인.
92) 멸(滅 Nirodha) : 적멸열반의 과보.
93) 도(道 Mārga) : 열반에 이르는 팔정도.
94) 아야교진여(我若憍陳如) : 아야(我若 Ajñāta)는 '이미 알았다'는 뜻이니, 즉 '깨달은 교진여'를 뜻한다.
95) 삼전십이행(三轉十二行) : 부처님이 녹야원에서 사제(四諦)를 설(說)하시는데 각각 세 단계(示·勸·證)에 의한 것을 말한다.

①시전(示轉) : 사제를 각각 나타내는〔示〕 것.

②권전(勸轉) : 사제의 수행을 권하는 것. 즉 고(苦)는 알아야 하고 집(集)은 끊어야 하며 멸(滅)은 증(證)해야 하며 도(道)는 닦아야 한다는 것이다.

③증전(證轉) : 사제를 스스로 증해야 한다는 것을 말한다. 부처님도 스스로 증하셨음을 보이는 것이다.

96) 법안의 깨끗함[法眼淨] : 청정한 법안이라는 뜻으로, 이는 사제(四諦)의 이치를 분명히 본다는 것을 뜻한다.
97) 형상, 느낌, 생각, 행동, 의식 : 이 다섯은 바로 오온(五蘊)으로 인간의 존재를 구성하는 다섯 가지 요소다.
98) 다섯 가지 쌓임[五陰] : 주 88) 참조
99) 우바새(優婆塞) : 남자 신도. 한역에서는 청신사(淸信士)라고 한다.
100) 염부제(閻浮提 Jambu-dvipa) : 수미산을 중심으로 남쪽의 인간 세계.
101) 불파제(弗婆提 Pūrva-videha) : 수미산을 중심으로 동쪽의 인간 세계.
102) 구타니(瞿陀尼 Godhamya) : 수미산을 중심으로 서쪽의 인간 세계.
103) 울단월(鬱單越 Uttara-kuru) : 수미산을 중심으로 북쪽의 인간 세계.
104) 아라한(阿羅漢 Arhān) : 마땅히 존경받을 만한 성자라는 의미에서 응공(應供)이라고도 한다. 부처님의 말씀을 듣고 수행하여 해탈한 성자.
105) 아라한향(阿羅漢向) : 아라한과를 향하는 것을 뜻한다. 그 단계로서 4사문과(四沙門果)가 있는데 수다원(須陀洹), 일래(一來), 불환(不還), 아라한(阿羅漢)이 그것이다.
106) 수다원(須陀洹) : 삼계의 견혹(見惑)을 끊는 것.
107) 형상[色] : 일체의 물질 현상을 말한다. 물질 현상은 의근(意根)에 의해 생기며 의근은 식(識)에 의해 생긴다고 하는 것으로, 여기에서 유식설(唯識說)이 나타나기 시작했

과거현재인과경
253

다.

108) 법(法 Dharma) : 유형 무형의 일체 사물 현상을 말한다.
109) 감관·경계·알음알이〔情塵識〕: 정(情)은 근(根)에, 진(塵)은 경(境)에 해당한다. 즉 육근(六根), 육경(六境), 육식(六識)으로서 근경(根境)의 접촉으로 식(識)이 생기는 것이다.
110) 중도(中道) : 여기에서의 중도는 초전법륜의 중도와 그 뜻을 달리한다. 전자는 불고불락(不苦不樂)이 중도이지만 여기에서는 사실성의 진리를 말한다. 이러한 의미의 중도는 발전하여 불교의 근본원리가 된다.
111) 네 가지 일〔四事〕: 방사(房舍), 의복(衣服), 음식(飮食), 화향(華香)을 말한다.
112) 승가람(僧伽藍) : 중원(衆園) 또는 승방(僧房)을 말한다.
113) 사리불(舍利弗 Śāriputra) : 10대 제자 중에서 가장 지혜로운 제자다.
114) 목건련(目犍連 Maudgalyāna) : 10대 제자 중에서 가장 신통력이 뛰어난 제자다.
115) 네 가지 베다 경전〔四毘陀經〕: ①리그베다 ②사마베다 ③야무르베다 ④아타르바베다.

과거현재인과경 해설

경전의 의의

이 경전은 부처님 자신이 설한 형태로 되어 있는 부처님 전기〔佛傳〕이다.

부처님이 설하신 이유가 그대로 경의 제목에서 말해 주듯이, 기원정사에 있는 여러 비구가 부처님의 과거의 인연을 듣고 싶어했고 부처님이 이들 비구들에게 자신의 본생(本生, Jātaka)인 선혜(善慧, sumedha)선인의 구도에서부터 팔상성도(八相成道)를 자세히 설하고 마지막으로 과거에 심어 놓은 씨앗〔因〕은 무량겁이 지난다 하더라도 결코 없어지지 않고 현재의 모든 일로 나타나며 결국 일체종지(一切種智)를 성취한다는 것을 설한다.

다시 말해서 부처님의 과거와 현재를 부처님 자신이 제삼자의 입장에 서서 설하신 경이며 그래서 이 경의 제목이 《과거현재인과경(過去現在因果經)》이다.

인과(因果)라고 하면 거기에는 반드시 헛됨이 없는, 더구나 종교적으로는 중후한 수행을 요구함을 암시한다. '과거의 인(因)을 알고자 하거든 현재의 과(果)를 보고 미래의 과를 알고자 하거든 현재의 인을 보라'고 《선악인과경》에서도 설해놓고 있듯이 부처님 자신의 생애를 낱낱이 밝히고 계시는 가운데는 반드시 과거와 현재를 연결하는 '인과'를 상세히 말씀하시는 것이며 이 '인과'의 진리가 불교의 근본사상인 '연기법(緣起法)'의 본체(本體)가 되고 있음을 알 수 있다.

경전의 구성

이 경전은 송(宋)의 구나발타라가 444~453년 간에 번역한 것으로 4권으로 이루어져 있다. 부처님의 전생인 선혜(善慧)선인이 포발(布髮)하여 부처님(보광불)께 공양하는 것에 의해 수기(受記)하는 것으로부터 시작하여 마하가섭을 교화하는 것을 끝으로 부처님의 과거 현재의 전생에 대한 내용이 생생히 묘사 설명되고 있다.

대개의 경전이 서분(序分)·정종분(正宗分)·유통분(流通分)으로 구성되듯이 이 경전 역시 삼분법(三分法)으로 나뉘어진다.

서분은 선혜선인 수기·도솔천에 태어남·하생하여 모태에 드는 것까지가 해당되고, 정종분은 탄생에서 마하가섭의 출가 교화까지 즉 불전(佛傳)이 되며, 유통분은 최후의 결문(結文)으로서 본생(本生)과 불전을 종합한 것이 거기에 해당한다.

그러나 이 경전의 제목에서 밝히고 있듯이 처음부터 마지막까지 구성된 삼분 전체가 '부처님의 한 몸'임을 표현하여 나타나 있다.

또한 본 경은 4권으로 구성되어 있지만 그 중 불교의 근본 사상이 잘 나타나 있는 것은 제3권과 제4권이다. 그 중 3권에서는 출가한 태자의 6년 고행과 성도 직전 마왕으로부터 항복받는 것과 범천이 설법하기를 청하는 것과 녹야원에서의 최초의 설법이 그 중심이다.

초기의 한역 경전 가운데서, 성도로 향하는 태자에 대한 마왕의 거침없는 방해와 장애가 상세히 묘사되는 반면에, 성도 이후 초전법륜이 있기까지 또한 여기저기서 부처님이 교화하실 때 언제나 부처님 곁에서 시중드는 모습으로 보이고 있는 범천의 역할은 이 경전만이 가지고 있는 특징이며 이 경전만큼 여러 차례 범천이 등장하여 부처님과의 관계를 잘 묘사해주는 경전은 없다고 본다.

마왕이나 범천 등은 부처님 전 생애를 통해 함께하면서도 그 모습이 이상적이고 신화적인 탓인지 현재 우리들에게 뚜렷하게 그 역할이 드러나 있지 않으며 더구나 그 존재를 가볍게 여기거나 소홀히 취급하고 마는 경향도 있다.

그러나 이 경전을 탐독해 보면 오늘날 부처님이 성도하시고 그 설법을 남기신 데는 마왕의 끊임없는 저해와 범천, 천신들의 간절한 시중이 그 기초가 되었음을 살필 수 있다.

4권에서는 부처님의 교화에 대한 방법과 그 방편을 세밀하게 설하고 있다. 비구 1,250인의 승가가 구성되어질 때까지 최초 5비구의 귀의를 비롯하여 가섭 삼형제의 교화가 중심이 되고, 또 귀의한 빔비사라왕이 부처님께 정사(精舍)를 헌납하며 또한 직접적인 교화는 아니었지만 먼저 교화 받은 비구 아사바기를 통하여 귀의하게 되는 두 제자 사리불, 마하목건련 등 교화하는 부처님의 섬세한 방편법은 이 4권의 전체 내용을 이룬다.

불교 사상은 어느 경전에서나 유사성을 가지고 있으며 또한 우리 자신들이 쉽게 접할 수 있고 끊임없이 되새기고 있지만 부처님이 일생 중 그 분의 일거수 일투족의 행위와 그 상황을 세밀히 살펴볼 수 있는 것은 이 경전이 지닌 성격이면서 특징이기도 하다.

경전의 내용

제1권에서는 주로 부처님의 과거 이야기와 태자의 어린 시절 이야기가 중심이다. 부처님께서 사위국의 기수급고독원에 계셨을 때, 그 곳 죽림정사에 모인 비구들을 위하여 부처님께서 자신의 과거 인연을 말씀하신다.

과거의 무량한 아승지겁에 선혜라는 선인이 살고 있었고 그는 일체종지를 구하고 큰 지혜를 얻기 위하여 무량한 중생 구제의 보살행에 힘쓰면서 수행을 계속한다. 그 당시 등조(燈照)라는 왕에게 보광(普光)이라는 태자가 탄생하였다. 점성가를 불러 관상을 보게 하자 '태자가 만약 집에 있으면 전륜성왕이 되고 출가하면 천상과 인간의 스승이 될 것입니다'라고 하였다. 자라서 태자는 출가하여 최상의 깨달음을 얻어 보광불이 된다. 선혜선인은 보광불께 공양하고 수기를 받는다. 그리고 보광 부처님께 출가하여 비구가 된다. 선혜 비구는 수행을 계속하여 일생보처 보살의 지위에 올라 도솔천에 난다. 중생 제도를 생각하여 도솔천을 나와 염부제에 내려와 정반왕 부인의 태 속에 들어 룸비니 동산에서 탄생한다.

아시타선인은 "태자는 32가지의 원만한 상호를 갖추고 있습니다. 32가지 상호가 알맞은 처소에 나타나지 않으면 전륜성왕이 되고 적재적소에 나타나면 일체종지를 이루어 깨달음을 얻을 것입니다"라고 한다.

제2권에서는 고타마 태자의 성장과 출가가 중심이다.

태자 나이 열두 살이 되어 무예 시합에서 승리하고 용맹을 갖추게 되자 태자 관정식을 한다. 그리고 사문유관을 하고 그에 대한 명상이 깊어 간다.

태자는 비구의 모습을 보고 '나는 먼저 늙고 병들고 죽음의 고통이 있음을 보고 밤낮 언제나 두려워하며 이 때문에 시달림을 받았으나 이제야 비구를 보고 나의 뜻을 깨치고 해탈의 길을 보았도다'라고 하며 곧 스스로 방편을 생각하며 출가의 인연을 찾게 된다. 태자는 야쇼다라 비가 아이를 잉태하게 됨을 알고 성의 북쪽 문을 넘어 출가의 길에 오른다.

제3권은 수행의 과정과 성도가 중심이다.

신하들은 발가선인을 찾아 그의 말대로 아라라와 가란을 찾아가는 도중 나무 아래 앉아서 생각에 잠겨 있는 태자를 발견한다. 그리고 속가의 가족과 친지들이 태자가 돌아오기를 고대한다는 말에 태자는 장래에 도를 이루고 나서 모든 사람들의 고통을 구해 주는 때에 찾아 뵙겠다고 말한다. 여기에서 신하들과의 대화 속에 미래에는 과보가 반드시 있다는 것과 과보가 없다는 당시의 선인들의 그러한 가르침을 닦거나 따르지도 않을 것이므로 그러한 것으로 힐난하지 말 것을 설명한다.

　이에 신하 중 다섯 사람은 그대로 태자를 따르기로 하여 출가한다. 태자는 아라라와 가란 선인을 만나러 가는 도중 사위성을 지나가다가 빔비사라왕을 만나 함께 나라를 다스리자는 유혹을 물리친다. 부처가 되어 제도해 달라는 빔비사라왕의 원을 받아들이고 아라라와 가란 선인을 만난다. 거기에서 중생들의 시초는 명(冥)으로부터 시작되고 그로부터 아만이 일어나며 어리석음과 염애(染愛)를 거쳐 다섯 가지 미세한 티끌의 기운이 일어나며 그로부터 탐냄과 성냄 그리고 생노병사의 근심과 슬픔이 일어난다는 것을 배운다.

　이에 그러한 근심과 번뇌를 끊는 방법으로 사선(四禪)을 닦아야 한다고 배운다. 그러나 그것이 궁극적인 해탈의 길이 아님을 알고 그 선인과 작별한다. 그리고는 당시의 고행자들이 모여 수행하는 니련선하로 가서 6년 고행을 시작한다. 고행이 아무런 도움을 주지 못한다는 것을 알고 난다바라 여인의 공양을 받는다. "나는 일체중생을 성숙시키기 위하여 이 음식을 받느니라"하여 그 음식을 받고 기력을 차린다.

태자는 금강좌를 만들고 "바른 깨달음을 이룩하지 않고서는 이 자리에서 결코 일어나지 않으리라"라고 맹세한다. 그 때 마왕이 그 모습을 보고서 세 딸들을 시켜 유혹하고 무력으로 위협하기도 하며 부드러운 말로 달래기도 한다.

태자는 그 유혹을 모두 물리치고 정신이 맑아지자 자비의 힘으로써 2월 7일 밤에 악마의 항복을 받고 큰 광명을 내면서 깊은 선정에 든다. 그 선정 속에서 과거의 일들을 모두 알게 되었으며 중생들의 괴로움과 즐거움의 실체를 파악한다. 그리고 축생과 아귀와 인간과 하늘을 관찰한다. 이리하여 십이인연을 순관(順觀)과 역관(逆觀)으로 살피고 초야, 중야, 후야를 지내고 새벽에는 무명을 깨뜨리고 지혜의 광명을 얻어서 악한 업을 끊고 일체종지를 성취하여 부처님이 된다.

그리고 칠 일 동안 선정에 들었다가 장차 열반에 들려고 한다. 이 때 범천왕이 모든 중생들을 위하여 대법륜을 굴려 주시기를 간청한다. 이에 수락한 부처님은 옛날의 모든 부처님들께서 법을 설하신 바라나시의 녹야원으로 가서 법을 굴리기로 한다. 가는 도중 부처님께 공양한 자들에 삼귀의를 주었으며 그 후 녹야원에서 수행하던 다섯 비구들에게 처음 중도의 가르침과 사성제의 법을 설한다. 이리하여 세간에는 비로소 여섯 아라한이 있게 되어 삼보(三寶)가 갖추어지게 된다.

 제4권은 교화와 승가 구성이 중심이다.

 그 때 야사라는 청년의 번민을 듣고 오온의 무상함을 설하여 구제해주고 그 친구들 오십 명이 함께 부처님의 제자가 되어 모두 아라한이 된다. 이 후 사위성으로 가서 불을 숭배하는 가섭 삼형제의 귀의를 받고 천 명의 제자를 받아들인다. 그리고는 옛날 빔비사라왕과의 언약을 생각하고는 빔비사라왕을 만나 오온에는 실체가 없음을 일러주고는 아(我)와 아소(我所)를 여의는 법과 단(斷)과 상(常)을 여의어 중도를 택해야 함을 가르친다.

 그리하여 빔비사라왕은 부처님께 귀의하고 죽림원을 지어 부처님께 보시한다. 부처님께서 그 곳의 죽림원에서 머무르고 계실 때이다. 그 때 부처님의 제자인 아사바기 비구가 가사를 걸치고 바루를 들고 걸식하는 모습을 본 사리불의 질문에 "우리 스승은 다음과 같이 가르칩니다. 일체의 모든 법의 근본은 인연으로 생기며 주체가 없나니 만약 이것을 이해할 수 있다면 이는 진실로 도를 얻게 된다"라고 답하였다. 이에 사리불이 눈이 뜨이는 것을 느끼고 친구인 목건련과 함께 그 무리들을 거느리고 부처님께 귀의한다. 이리하여 부처님의 제자가 1,250 비구가 된다.

 그 때 네 가지 베다에 뛰어난 투라퀄차국의 가섭이라는 바라문이 과거에 심은 선근의 공덕이 있어서 항상 출가의 마음이 있었던 터에 부처님의 출현 소식을 듣고 찾아가서 제자가 된다. 부처님은 과거 보광여래 때의 선혜비구가 바로 부처님이고 가섭 삼형제와 야쇼다라 등의 전신을 밝히고 "나는 옛날에 부지런히 온갖 선한 일을 닦아 익히고 큰 서원을 세워 마음에 물러나지 아니하였기 때문에 일체종지를 성취하였으니……" 하며 부지런히 정진할 것을 부촉하면서 과거와 현재에 걸친 부처님의 말씀은 끝마친다.

역자소개 : 慧 諴

동국대 불교학과 및 동대학원 졸업.
〈北宗 神秀禪思想의 硏究〉로 박사학위 취득.
현재 동국대 선학과 강사.
〈北宗禪의 一行三昧思想〉〈달마선에 있어서 유마사상〉
〈荷澤神會의 頓悟觀〉〈北宗禪과 普照禪〉〈禪에 있어서 방편설〉
《바웃드하 佛敎》《頓悟入道要門》《緣起와 空》 등
다수의 논문 및 번역서가 있다.

불
교
경
전
⑨

과거현재인과경

1995년 10월 30일 1판 1쇄 발행
2015년 6월 20일 1판 6쇄 발행

ⓒ역 자 — 혜 원
발행인 — 윤 재 승
발행처 — 민 족 사

등록 제1-149호. 1980. 5. 9.
서울 종로구 삼봉로 81 두산위브파빌리온 1131호
전화 (02) 732-2403~4. 팩스 (02) 739-7565
E-mail / minjoksabook@naver.com
홈페이지 / www.minjoksa.org

값 10,000원
ISBN 978-89-7009-163-1 04220
• 경전은 부처님의 말씀입니다.
• 경전을 소중히 합시다.